Erklärung
Jede Anwendung der in diesem Buch angeführten Ratschläge geschieht nach alleinigem Gutdünken des Lesers. Autoren, Verlag, Berater, Vertreiber, Händler und alle anderen Personen, die mit diesem Buch in Zusammenhang stehen, können weder Haftung noch Verantwortung für eventuelle Folgen übernehmen, die direkt oder indirekt aus den in diesem Buch gegebenen Informationen resultieren oder resultieren sollten.

Titel der tschechischen Originalausgabe:
PAMPELIŠKY K JÍDLU

ISBN 978-80-907055-1-7

Übersetzt aus dem Tschechischen von Mag. Erwin Huber/Übersetzungen [HOISS]

www.ennsthaler.at

ISBN 978-3-85068-998-4
Jana Vlková · Kochen mit Löwenzahn

Ennsthaler Gesellschaft m.b.H. & Co KG, 4400 Steyr, Austria
Satz: Thomas Traxl
Umschlagbild & Fotos: Aleksandra Chytra
Illustrationen: Pavla Dvorská
Foodstyling: Milena Volfová
Dekorstyling: Denisa Bartošová
Grafik: PROTEBE live (Tereza Vlašímská, Jiří Hanek)
Redaktion: Jitka Rákosníková (Rezepte), Irena Svobodová (Botanik)
Druck und Bindung: Těšínská Tiskárna, Český Těšín

MIX
Papier aus verantwortungsvollen Quellen
FSC® C005833

KOCHEN MIT LÖWENZAHN

Jana Vlková

ENNSTHALER VERLAG STEYR

Frisches Grün

Harmoniert mit Fleisch

Süße Variationen

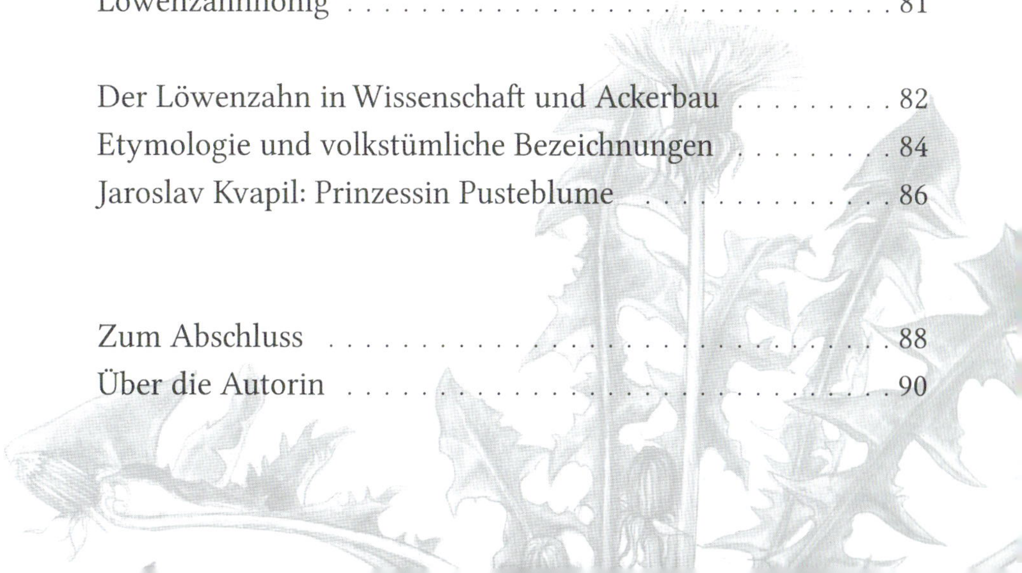

Hallo, meine lieben Blumen- und Blütengourmets!

Ich freue mich, euch ein Buch zum Themenkreis essbare Blüten vorlegen zu dürfen. Es ist einer einzigen Pflanze gewidmet – dem Löwenzahn. Die wohl bekannteste essbare Blume darf sich ungeahnter Verwendungsmöglichkeiten rühmen, wie nicht zuletzt die zwanzig Rezepte unter Beweis stellen, die ich für euch vorbereitet habe. Ebenso wie in meinen vorangegangenen Werken über Speiseblumen und -kräuter (diese sind bisher nicht auf Deutsch erschienen, Anm.) können auch die folgenden Rezepte ganz nach den persönlichen Vorlieben und dem saisonalen Angebot an Zutaten oder dem Geschmack eurer Freunde und Familie abgeändert werden.
Der Löwenzahn hat auch zahlreiche Verwandte mit vergleichbaren botanischen Eigenschaften, die somit ähnliche kulinarische Einsatzmöglichkeiten bieten. Daher sind auch ihnen in diesem Buch einige Seiten gewidmet.
Schließlich erfahrt ihr noch Wissenswertes über den Löwenzahn, das es in Fachbüchern, der Belletristik und anderen Literaturgattungen zu finden gibt.
Ich wünsche euch viel Freude beim Lesen meines Buches über dieses erstaunlich vielseitige Kraut und viele kulinarische Genüsse!

Sieben Gründe, warum wir den Löwenzahn lieben

1. Alles an ihm ist genießbar, genauer gesagt fast alles, außer die Früchte (Pusteblume) mit ihren weißen »Fallschirmchen«. In der Küche verarbeiten lassen sich Wurzel, Knospen, Blätter und Blüte.

2. Er ist so leicht zu finden wie kaum eine andere essbare Kräuterpflanze, wächst auf praktisch jedem Untergrund und in so gut wie jeder Höhenlage.

3. Er ist hübsch anzusehen und sticht mit seiner knallgelben Farbe überall hervor. Seine Blüten erinnern an Sonnenstrahlen, die gerade auf die Erde fallen – warm und weich.

4. Für Kinder bietet der Löwenzahn viele tolle Spielmöglichkeiten. Jeder, der noch nie einen Kranz aus Löwenzahn geflochten hat, sollte es unbedingt einmal ausprobieren!

5. Aus einem Löwenzahnstängel lässt sich eine tolle Tröte basteln, die einen kräftigen Ton erzeugt wie sonst nur der Halm des Gewöhnlichen Knäuelgrases.

6. Löwenzahn lässt sich anhand einiger Merkmale recht gut erkennen und gibt daher auch angehenden Kräutersammlern ein gewisses Gefühl der Sicherheit.

7. Löwenzahn ist einfach ein genialer kulinarischer Begleiter, auch wenn er im Pflanzenreich wie eine »Eiserne Lady« wirkt – skrupellos und mit allen Wassern gewaschen.

Wiesen voll Löwenzahn

Bei Wiesen, die im Frühling mit einem gelben Teppich aus Löwenzahn bedeckt sind, handelt es sich keineswegs um ein eigenständiges Ökosystem – eine Besonderheit weisen sie dennoch auf. Botanisch beziehungsweise landwirtschaftlich gesehen handelt es sich einfach um Wiesen mit einem hohen Nährstoffgehalt.

Jede Wiese ist das Ergebnis menschlicher Bemühungen. Ohne regelmäßiges Mähen würden Wiesen nämlich von Gestrüpp und Sträuchern überwuchert sein. Die Löwenzahnpflanzen blühen praktisch alle auf einmal auf und sind nach einer Woche wieder verblüht. Glücklicherweise ist diese Woche bei jeder Wiese im Verlauf des Jahres eine andere. Auf Südhängen blüht der Löwenzahn früher. Später entfalten sich die Blüten nicht nur an Nordhängen oder im Schatten von Wäldern, sondern auch in höher gelegenen Gegenden.

Halten Sie Ausschau, wo genau auch in Ihrer Nähe solche Löwenzahnwiesen zu finden sind, damit Sie sich sofort auf die Suche nach frischen, zarten Blättern machen können. In meinem Buch »Notes Květinové kuchařky« (»Notizbuch für Blütengourmets«; bisher nicht auf Deutsch erschienen, Anm.) schreibe ich, dass der beste Zeitpunkt rund um den 19. April ist. Die letzte Aprilwoche eignet sich besonders gut, um verschiedenste Salate mit Löwenzahnblättern auszuprobieren oder Kapern aus Löwenzahnknospen einzulegen.

Es kann jedoch vorkommen, dass genau dort, wo noch ein Jahr zuvor eine üppige Löwenzahnwiese blühte, nun weit und breit keine einzige gelbe Blüte zu finden ist. Möglicherweise ist Ihnen jemand zuvorgekommen, um dem »Unkraut« mit Unkrautvertilgungsmitteln den Garaus zu machen – die großen landwirtschaftlichen Heuproduzenten haben mit dem Löwenzahn keine besondere Freude.

Wissenswertes über den Löwenzahn
(Taraxacum officinale)

Den Löwenzahn kennt fast jeder. Man weiß, dass er mit Vorliebe in der Nähe von Wohngebieten wächst. Überall dort, wo die Böden reich an Nährstoffen sind, zum Beispiel auf Misthaufen, in der Nähe von Häusern, an Wegrändern, auf Wiesen und in Gärten, findet man ihn in Hülle und Fülle. Vielleicht mit Ausnahme unserer höchsten Bergkämme wächst er bei uns praktisch überall, also von der Ebene bis hinauf zur subalpinen Vegetationsstufe.

Der Löwenzahn ist eine ausdauernde krautige Pflanze und wird zwischen 10 und 50 cm hoch. Die Blätter sprießen in Form einer grundständigen Rosette hervor, sind reich gegliedert und stark gezahnt. Ihre Mitteladern sind manchmal rotviolett, meist jedoch rosa oder grün gefärbt. Die Blüte entspringt einem leicht flaumigen, fleischigen, röhrenartigen hohlen Schaft. Vom botanischen Gesichtspunkt betrachtet handelt es sich um einen Korbblütenstand, der sich aus einzelnen Zungenblüten zusammensetzt. Die Pflanze sondert einen Milchsaft ab.

Professor Josef Dostál, die Ikone der tschechischen systematischen Botanik der zweiten Hälfte des vorigen Jahrhunderts, widmet dem Löwenzahn in seinem dicken zweibändigen Werk »Nová květena ČSSR« (»Die neue Flora der ČSSR«; Academia, 1989) nicht weniger als zehn Seiten. In der Gattung *Taraxacum* steht die Art *Taraxacum officinale* oder »medizinischer Löwenzahn« – wahrscheinlich die am häufigsten anzutreffende Pflanze – an letzter Stelle, und zwar unter der Nummer 51. Botaniker besitzen ihre eigene Sprache, ihre Runen und Abkürzungen, und sie ignorieren noch dazu die Verben.

»Staude, am Boden reich gefächerte Blätter, am Boden anliegend oder halb aufrecht, mit der Form von Lorbeerblättern, glatt an der Unterseite, leicht behaart, ungeteilt bis tief, meist sägeförmig, dreiwinkelige Segmente, meist gezähnt, Blattstiel, meist gezähnt; Stängel 4–40 cm, kräftig, gerade oder aufsteigend, meist behaart; Korb 25–75 mm ∅, in der Blütezeit meist gewölbt, Hüllblätter 12–25 x 15–25 mm, äußere Tragblätter 17 mm, linear in Form von Lorbeerblättern, dunkelgrün, manchmal graugrün, leicht schmale hellere Umrandung, abstehend oder nach unten gebogen, unter der Spitze ohne Ecke etwas verhärtet; lange, schmale, gelbe Blüten, meist bräunlich gestreift; Samen strohgelb bis braun, 2,5–3,5 mm, warzig bis stachelig, verjüngt, 0,2–0,7 mm, Stiel 7–15 mm. –IV–VII* – 2n = 16, 24, 32** – H – subatl. – boreal – euras.***. Wiesen, Brachen, Feldraine, Gärten, Schuttplätze, helle Wälder usw.«

Und der Professor fügt dieser umfassenden Beschreibung hinzu:

»Eine große Anzahl ähnlicher Mikrospezien wurde nur aus Mitteleuropa beschrieben (150); sie sind meist apomiktisch (die sich weiter verbreitende Pflanzenpopulation behält im Wesentlichen ihre unveränderbare genetische Information bei, Anm. der Autorin), ihre Bestimmung ist sehr schwierig und erfordert ein besonders gezieltes Studium und beträchtliche Übung; daher erwähne ich hier weder den Schlüssel noch die Beschreibungen.«

Dostals Schlüssel ist jedoch veraltet. In der neuesten Ausgabe von »Klíč ke květeně ČR« (»Der Schlüssel zur tschechischen Flora«; Kubát, 2002) wird angeführt, »dass der Name *Taraxacum officinale* für unsere Pflanzen nicht verwendet werden kann (gilt für nordische Pflanzen). Die Gattung *Taraxacum* bildet in unserem Land Arten, die sich sowohl geschlechtlich als auch ungeschlechtlich (apomiktisch) fortpflanzen. Dies erzeugt eine Reihe von Mikrospezien, die sehr schwer zu unterscheiden sind. Daher ist die Gattung in einzelne Abschnitte unterteilt. Der Abschnitt ist eine Kategorie, die es auch Nichtspezialisten ermöglicht, den Löwenzahn richtig zuzuordnen. Einige Abschnitte enthalten auch mehrere Dutzend Arten, die oft sehr schwer zu erkennen sind. Der Abschnitt *Ruderalia* umfasst Arten, die zuvor unter dem Namen *Taraxacum officinale* geführt wurden. Aufgrund der hohen Artenanzahl in diesem Abschnitt und der mosaikartigen Verteilung der Zeichen wurde noch kein funktionsfähiger Bestimmungsschlüssel erstellt.«

So weit die Beschreibung einer Pflanze, die jedem wohlbekannt ist, in der Sprache bedeutender Fachleute auf diesem Gebiet. Ihre Ansichten zur systematischen Gliederung haben jedoch auf die Verwendung des Löwenzahns im Rahmen von Kochrezepten kaum Einfluss.

* Blütezeit

** Dies ist die Anzahl der Chromosomen im diploiden Satz, bei Pflanzen kommt es oft zur Multiplikation der Anzahl der Chromosomensätze (Polyploidie)

*** Artenverteilung – H (Gebirge), subatlantisch (Vorkommen mit Schwerpunkt auf Nordeuropa), boreal (nördlich, Vorkommen mit Schwerpunkt auf den nordischen Wäldern), eurasisch (Vorkommen in Eurasien)

Die Familie des Löwenzahns

Wiesen-Pippau
(Crepis biennis)

Gewöhnliches Ferkelkraut
(Hypochaeris radicata)

Schaftlöwenzahn
(Leontodon ssp.)

Der Löwenzahn besitzt eine unüberschaubare Anzahl verschiedener Verwandter. Zum Glück sind die meisten von ihnen essbar. Die Hauptgruppe wird von Pflanzen gebildet, die die Autorin gemäß der Meinung der begutachtenden Botanikerin als »löwenzahnartig« bezeichnet und die aufgrund dieser unfachlichen Bezeichnung als drei boshafte Kobolde dargestellt werden. Die weiteren Verwandten lassen sich leichter identifizieren, da sie mit eindeutigeren Merkmalen und eindeutigen Bezeichnungen ausgestattet sind.

Es gibt drei verschiedene Löwenzahnartige. Sie heißen Wiesen-Pippau *(Crepis biennis)*, Gewöhnliches Ferkelkraut *(Hypochaeris radicata)* und Schaftlöwenzahn, zu dem der Steifhaarige Löwenzahn *(Leontodon hispidus)* und der Herbstlöwenzahn *(Leontodon autumnalis)* gehören. Ich habe sie bereits in meinem Blütenkochbuch »Kytky k jídlu v receptech i herbáři« (bisher nicht auf Deutsch erschienen, Anm.) beschrieben, sie sollen aber auch hier ihren Platz finden.

In den Beschreibungen der oben erwähnten Pflanzen wird immer wieder darauf hingewiesen, dass sie untereinander leicht zu verwechseln sind. Ihre tschechischen Bezeichnungen erwecken den Eindruck, dass es sich hier um taxonomisch-linguistische Scherze handelt. Der Löwenzahn, der mit seinem zweiten Namen als steifhaarig bezeichnet wird, hat aber eine Unterart *(Leontodon hispidus var. glabratus)*, über die geschrieben wird, dass »ihre Kleidung nur aus einzelnen Härchen besteht«. Oh, diese Botaniker und Botanikerinnen!

Darüber hinaus hat dieser noch andere ähnlich anmutige Volksnamen. Der Herbstlöwenzahn blüht bereits seit dem Frühsommer. Die Ferkelkräuter *(Hypochaeris)* verfügen dagegen über borstige Haare. Die schön ausgeführten Exemplare tragen Blätter, die an eine Schweinehaut vor dem Verbrühen erinnern. Über die Pippau-Arten *(Crepsis)* wird in den botanischen Abhandlungen Folgendes geschrieben: »Die Blätter haben die Form von länglichen Lorbeerblättern, sehr unterschiedlich geformt, meist unregelmäßig verwurzelt bis gefiedert mit länglichem Endsegment, der untere Teil kurz gestielt, der obere, spießblättrige Teil anliegend, auf der Rückseite befinden sich kurze harte Haare.« Uns würde eine Aussage über die sehr unterschiedlichen Formen genügen, denn nur wenige verstehen detailliertere Beschreibungen.

Eine exakte Unterscheidung gestaltet sich auch für praktizierende Botaniker schwierig. Erst wenn die betreffende Pflanze blüht, kann man gewisse eindeutige Merkmale feststellen. Für unsere Zwecke ist sie dann jedoch nicht mehr so interessant, denn sobald etwas zu blühen beginnt, eignet es sich, wie wir wissen, nicht mehr gut zum Verzehr. Oder der einzige essbare Teil, die Grundrosette, ist bereits völlig abgestorben.

Wer genaue Unterscheidungsmerkmale schätzt, möge sich an Folgendes erinnern: Das typische Kennzeichen der Gattung der Ferkelkräuter ist der Körbchenboden mit seinen Streublättern. Den Wiesen-Pippau erkennt man an den abstehenden äußeren Hüllblättern und ihrem aus unverzweigten Spitzen bestehenden Kelch. Der Wiesen-Pippau trägt nur an seiner Rosette Blätter und seine Kelchblätter sind federförmig, weshalb man auch von einem Federkelch spricht.

Für Pflanzengourmets und Hobbybotaniker ist wichtig, dass die Blätter aller dieser erwähnten Pflanzen deutlich weniger Milchsaft absondern als der Löwenzahn. Ansonsten sind sie einander sehr ähnlich. Ebenso ähnlich sind auch die Blüten, die jedoch bei allen diesen genannten Kräutern später zum Vorschein kommen als beim Löwenzahn und keinen so knackigen Schaft besitzen. Manchmal suchen sie sich einen ähnlichen Standort wie der Löwenzahn aus. Genau wie der Löwenzahn sind sie recht gute Freunde des Menschen. Sie wachsen auf gemähten Wiesen (wo sie manchmal auch dominieren), auf Weiden, frischen Brachfeldern, Waldwegen, in Parks, ebenso am Straßenrand und an aufgegrabenen Plätzen in Ortschaften. Sie blühen von Juni bis Oktober; somit sind ihre Blätter auch dann noch genießbar, wenn der Löwenzahn verblüht ist und seine Blätter bereits bitter werden.

Alle diese Pflanzen kommen dort gut zur Geltung, wo auch die Blätter des Löwenzahns Verwendung finden. Ihre Blüten sind kulinarisch betrachtet eher langweilig.

Die Gemeine Wegwarte
(Cichorium intybus)

Die Gemeine Wegwarte *(Cichorium intybus)* findet in der Küche üblicherweise in zweierlei Form Verwendung. Einerseits als weißer, saftiger Salatkopf (Chicorée) und andererseits als Kaffeeersatz. In beiden Fällen handelt es sich um dieselbe Pflanze bzw. um ihre im Garten und in der Landwirtschaft angebauten Kulturformen. Die Wegwarte wächst an Wegrändern, in der Nähe von Weiden und Sträuchern sowie auf Feldrainen und Hängen, vor allem aber an trockenen Standorten. In Städten ist sie häufig auf Gehsteigen und Spielplätzen zu finden. Sie ist an ihren blauen Blüten zu erkennen, die stiellos in den Spalten des Stängels angeordnet sind.

Sobald die Wegwarte blüht (Juni/Juli), ist sie für Salate oder andere Verwendungsmöglichkeiten in der Küche unbrauchbar. Im Frühling kann man sie leicht mithilfe der trockenen Stängel aus der vorhergehenden Vegetationsperiode ausfindig machen. Unter diesen Stängeln sprießen frische Triebe, die sich bei sämtlichen »Blattrezepten« des Löwenzahns einsetzen lassen. Am besten eignen sich dazu die erdnahen Teile der Blätter, das heißt die saftigen weißen Blattadern. Die Enden der Blätter sind bitterer und zudem stärker mit Härchen besetzt. Die Wegwarte lässt sich auch gut im Gartenbeet anbauen. Wenn Sie die blühenden Stängel entfernen, treibt die Pflanze im Herbst frische Blätter, die einfach hervorragend schmecken.

Stachel-Lattich
(Lactuca serriola)

Der Löwenzahn ist ein enger Verwandter des Garten- oder Kopfsalats *(Lactuca sativa)* und somit einer der am häufigsten vorkommenden Stachel- oder Kompasslattiche *(Lactuca serriola)*. Seinen lateinischen Namen verdankt der Lattich seiner Milchabsonderung. Im Wort »lactuca« steckt dieselbe sprachliche Wurzel wie in »Latex« (Milchsaft von Kautschukpflanzen, Anm.). Alle Lattiche sind essbar, außer einem, wobei bereits sein Gattungsname auf die Ungenießbarkeit hinweist (*Lactuca virosa* oder Giftlattich); dieser Lattich kommt in unseren Breiten jedoch nur selten vor.

Der Kompasslattich heißt deshalb so, weil er beim Wachsen bemüht ist, sich so stark wie möglich von der Sonne abzuwenden. Dies führt dazu, dass gut entwickelte Exemplare praktisch zweidimensional sind, also völlig flach. Die Pflanze wächst am häufigsten an Orten, an denen sich der Einfluss der menschlichen Zivilisation bemerkbar macht, etwa an Wegrändern, in Steinbrüchen, auf Schutthalden, in Mauerfugen und auf aufgeschüttetem Erdreich – sie gedeiht sogar unter Akazien. Sie ist trockenbeständig und bevorzugt sonnige Stellen, sucht jedoch manchmal auch den Schatten. An solchen Orten entwickelt sie sich stärker in die Breite, und ihr Geschmack ist feiner. Sie beginnt im Mai zu sprießen. Ihre Blätter sind stiellos, zäh, fahlgrün und besitzen an der Außenseite der Mittelrippe gekrümmte Stacheln.

Der Kompasslattich lässt sich als Salat verwenden, obwohl sein Geschmack relativ bitter ist. Man muss ihn in dünne Streifen schneiden und recht sparsam einsetzen, eher als Gewürz. Es sind nicht zuletzt seine spektakulären, im jugendlichen Stadium noch zarten Stacheln, die ihn interessant machen.

Der Gemeine Rainkohl
(Lapsana communis)

Der Gemeine Rainkohl *(Lapsana communis)* erinnert geschmacklich am meisten an Salat. Rein optisch hat er mit dem Löwenzahn am wenigsten gemein. Er wächst rasch, blüht früh und recht lange. Im Gegensatz zu den oben beschriebenen Arten handelt es sich um eine einjährige Pflanze, weshalb seine Blätter weicher sind. Sie sondern ebenfalls einen Milchsaft ab. Junge Pflanzen tauchen auch im Altweibersommer auf, wenn die Tage ähnlich lang bzw. kurz wie im Frühjahr sind. Genauso wie die anderen erwähnten Pflanzen liebt der Rainkohl die Nähe des Menschen. Er wächst in Gärten, auf Friedhöfen, in der Nähe von Bahnstationen und als Unkraut auf Feldern; man findet ihn aber auch in hellen Laub- und Mischwäldern, auf gerodeten Lichtungen und im Gebüsch. Er bevorzugt feuchte, nährstoffreiche Böden, verschmäht jedoch in Ermangelung eines solchen Untergrunds auch trockene Standorte nicht. Als Erkennungszeichen sollte insbesondere sein essbarer Teil, die Blätter, erwähnt werden, die bei jungen Pflanzen eine Grundrosette bilden. Die Blätter bestehen aus einem 2–3 cm langen Blattstiel und einem 10–15 cm langen flächigen Teil (Blattspreite). Diese Blattspreite ist anfangs kompakt und später leierförmig gefiedert. Für Salatvariationen eignen sich am besten die jungen Blätter.

Frisches Grün

Zdeněk Kriebel

Löwenzahn, ich frag' dich, sag'

Schon baden die Spatzen ihre Bäuchlein,
schon dreht sich das Entlein im Kreise.
Wo warst Du, o mein Löwenzahn, von wem
hast Du die Augen?
Von der Sonne, ihrem Golde! Als ich sie dort erblickte,
war ich sofort goldgelb, ganz wie ein Gänseküken.
Löwenzahn, so sage mir, zum zweiten Male ich frag':
Wie öffnet die Sonne uns're Erde, von wo lässt sie den
Frühling rein?
Die Kuckucke, die schwatzen, es gäbe da in
diesem Hain den güldnen Schlüssel für jene Tore,
Blume – Schlüssel – Schlüsselblume.

Löwenzahn-Bruschetta

Angeblich haben die italienischen Weinbauern ihr Brot einst mit Löwenzahn verfeinert, wenn sie sich im Frühjahr um ihre Weingärten kümmerten. Mittlerweile kennt und schätzt man die Bruschetta (geröstetes, belegtes Weißbrot) auch in unseren Breiten. Die Variante mit blanchiertem Löwenzahn, der hier als Gemüse fungiert, ist ein wahrer Gaumenschmaus.

Für 4 Personen

1 kg junge Löwenzahnblätter, 50 g Salz, 8 Esslöffel Olivenöl, 3 Knoblauchzehen, 100 g in Öl eingelegte getrocknete Tomaten, 1 Baguette, 50 g Parmesan oder ähnlicher Käse, Salz und Pfeffer

Zubereitung

- Die Löwenzahnblätter gut waschen.
- Wasser in einem großen Kochtopf zum Kochen bringen und Salz hinzufügen.
- Die Löwenzahnblätter hineinlegen und eine Minute überbrühen. Abseihen, mit Eiswasser abschrecken, damit die Blätter nicht braun werden, und beiseitelegen.
- Durch nochmaliges Überbrühen verlieren die Blätter ihren bitteren Geschmack. In einer Pfanne das Olivenöl erhitzen und den klein gehackten Knoblauch dazugeben.
- Die Löwenzahnblätter auf etwa 3 cm kürzen, hinzufügen und unter ständigem Umrühren leicht anrösten.
- Die Tomaten je nach Vorliebe in größere oder kleinere Stücke schneiden.
- Das Baguette in Scheiben schneiden und kurz im Backrohr toasten. Wer mag, kann das Brot auch mit ein paar Tropfen Olivenöl beträufeln.
- Die Löwenzahnblätter und Tomatenstücke auf dem Brot arrangieren und mit geriebenem Parmesan bestreuen. Als Jause oder Vorspeise servieren.

Tipps & Tricks

Für eine vegane Variante können Sie den Parmesan auch weglassen; Fleischliebhaber wiederum können die Bruschetta mit dünn aufgeschnittenem Parmaschinken garnieren.

Wurstsalat mit Mayonnaise

Als ich einmal junge Löwenzahnknospen sammelte, überlegte ich, wie man ihren süß-knackigen Geschmack, der an frische Erbsen erinnert, wohl am besten in einem Rezept zur Geltung bringen könnte. Wenig später war die Idee geboren, eine fettreiche kulinarische Sünde aus meiner Jugend – klassischen Wurstsalat mit Mayonnaise – ganz neu zu interpretieren.

Für 4 Personen

55 g junge, noch grüne Löwenzahnknospen, 420 g Schinkensalami, 200 g Essiggurken, 30 g Zwiebeln, 300 g Mayonnaise, 1 Teelöffel Essig, 10 g Zucker, 1 Esslöffel Worcestersoße, 20 g Senf

Zubereitung

- Die Löwenzahnknospen gut waschen und die Stängel entfernen.
- Die Salami schälen und zusammen mit den Gurken in gleichmäßig dünne Streifen schneiden. Die Löwenzahnknospen hinzugeben. Die Zwiebeln fein schneiden und mit der Mayonnaise und den restlichen Gewürzen unter den Salat mischen. Normas Tipp: »Für einen besonders feinen Geschmack überbrüht man die Zwiebeln kurz und gibt sie nach dem Auskühlen in den Salat.« Mit Gebäck als Beilage eignet sich dieser Salat hervorragend als Vorspeise, Snack für ein Picknick oder kaltes Abendessen.

Tipps & Tricks

Die zarten Löwenzahnknospen harmonieren hervorragend mit der Mayonnaise und verleihen auch vielen anderen Salaten wie etwa Kartoffel-, Linsen- oder Eiersalat das gewisse Etwas. Den Zucker kann man auch weglassen.

Das Rezept für 1 kg Wurstsalat lässt sich fast wörtlich aus der alten tschechoslowakischen Norm ČSN 50145 (»Genaue Rezeptur für die kalte Küche«) übernehmen, die zusammenfasst:

»Selchfleischsalat mit Gemüse in Verbindung mit Mayonnaise. Die Wurst und die Gurken sind in einer regelmäßigen, dünnen Streifenform gehalten. Der Salat ist locker und wird gut durch die Mayonnaise zusammengehalten, die Konsistenz der einzelnen Bestandteile ist entsprechend weich. Milder Duft und Geschmack, wobei das Selchfleisch und die Mayonnaise überwiegen.«

Löwenzahnkapern

Dies ist eines der ersten Löwenzahn-Rezepte, die ich ausprobiert habe. Die Einkochmethode ist seither unverändert geblieben, jedoch habe ich im Lauf der Jahre festgestellt, dass sich die ganz grünen Knospen, die noch fest und komplett geschlossen sind, am besten zum Einkochen eignen. Nach meinem Empfinden wird das Ergebnis von Jahr zu Jahr besser.

Für 1 Einmachglas

200 g Löwenzahnknospen, 1–2 Teelöffel Salz, 50 ml Essig (8 %), 150 ml Wasser

Zubereitung

- Die Löwenzahnknospen gut waschen. Dabei äußerst sorgfältig vorgehen, da die Knospen eine milchähnliche Flüssigkeit absondern, an der Pflanzenhärchen, Erde, Blattstückchen, Gras usw. kleben bleiben.
- Die Knospen in die Gläser füllen und schichtweise immer wieder mit etwas Salz bestreuen.
- Die Gläser verschließen und circa 24 Stunden ruhen lassen. Dabei von Zeit zu Zeit gut aufschütteln.
- Am nächsten Tag den mit Wasser verdünnten Essig aufkochen und über die mittlerweile gut abgelegenen »Kapern« gießen. Die Gläser fest verschließen. Im Wasserbad sterilisieren: Gläser zu etwa drei Viertel mit Wasser bedecken und dann etwa 20 Minuten ab Erreichen des Siedepunkts im kochenden Wasser stehen lassen. Vielleicht möchten Sie auch einmal eine unkonventionelle Methode ausprobieren, indem Sie die Einmachgläser im Geschirrspüler mithilfe des Intensivprogramms sterilisieren.

Tipps & Tricks

Die Menge an Salz und Essiglake kann stark schwanken und hängt nicht zuletzt vom aktuellen Zustand des Gemüses ab, das eingekocht werden soll. Manches Gemüse setzt sich nach dem Salzen stärker ab als anderes und benötigt daher mehr Essiglake. Das Verhältnis von 8-prozentigem Essig zu Wasser beträgt grundsätzlich 1:3. Je nach Anzahl der Einmachgläser können Sie beides mithilfe einer Schöpfkelle abmessen. Bei Verwendung von 4-prozentigem Essig beträgt das Verhältnis 1:1.

Löwenzahnoliven

Dieses Salatrezept ist bereits in meinem Blumen-Kochbuch erschienen und erfreut sich derartig großer Beliebtheit, dass ich es auch in diesem Buch unbedingt noch einmal vorstellen möchte.

Für 4 Personen

200 g Bresaola (luftgetrockneter Rinderschinken), 200 g Feta oder ähnlicher Käse, der nicht zu salzig ist. Für die »falschen Oliven«: 100 g größere Löwenzahnknospen, 100 ml Olivenöl, 1 Esslöffel grobes Meersalz, 100 ml Wein oder Balsamicoessig. Für den Salat: 1–2 Handvoll junge Löwenzahnblätter, 25 ml Wein- oder Apfelessig, 25 ml Olivenöl, Salz und gemahlener bunter Pfeffer

Zubereitung

- Verwenden Sie für die Löwenzahnoliven solche Knospen, die für Löwenzahnkapern ungeeignet sind, das heißt, sie können schon etwas reifer und weicher und kurz vor dem Aufblühen sein. Die Knospen gut waschen und auf einem Stück Küchenpapier abtropfen und trocknen lassen. Die restlichen Zutaten griffbereit legen. Das Olivenöl in einem kleinen Topf stark erhitzen und gleichzeitig daneben langsam eine Pfanne erwärmen. Die Knospen ins siedende Öl geben und 30 bis 60 Sekunden frittieren.
- Mit einem Schaumlöffel aus dem Topf nehmen und in die erhitzte Pfanne geben. Die Knospen in der Pfanne unter ständigem Rühren und Schütteln anrösten. Sobald sie zu bräunen beginnen, mit Salz bestreuen. Wenn die Knospen gut mit Salz umhüllt sind, mit dem Wein oder Essig übergießen und bei hoher Temperatur gleichmäßig weiterrösten, bis die Flüssigkeit verdampft ist. Die Knospen anschließend sofort auf einen Teller geben und auskühlen lassen.
- Für den Salat die Löwenzahnblätter gut waschen und je nach Dicke in breitere oder schmalere Streifen schneiden.
- Essig und Öl zu einem leichten Dressing verrühren. Mit Salz und Pfeffer abschmecken und über die Löwenzahnblätter träufeln.
- Den Salat auf einem Teller anrichten. Den Käse in größere Dreiecke schneiden und zusammen mit dem Bresaola zum Salat hinzufügen, abschließend mit den Löwenzahnoliven garnieren. Sofort servieren.

Tipps & Tricks

Möglicherweise benötigen Sie für die Zubereitung der »falschen Oliven« – so wie ich – mehrere Anläufe, denn sie erfordert ein perfektes Zusammenspiel von Temperatur, Garzeitpunkt und Zutaten. Werden die Knospen zu lange angebraten, bekommen sie einen bitteren Geschmack, übergießt man sie mit zu viel Wein oder Essig, werden sie zu weich, und verwendet man zu viel Salz, werden sie ungenießbar. Aber lassen Sie sich nicht entmutigen! Wer einmal Erfolg gehabt hat, wird diesen unvergleichlichen Genuss nicht mehr missen wollen. Selbstverständlich können Sie den Salat nach Lust und Laune mit weiterem Frühlingsgemüse verfeinern, wie etwa mit den Blättern der Gewöhnlichen Vogelmiere.

Salat mit Ei und Speck

Die Kombination aus Löwenzahn, Speck und Eiern ist sehr beliebt und der Klassiker schlechthin, wenn man das Internet nach Rezepten für Löwenzahnsalat durchforstet. Dieses Gericht eignet sich perfekt für den herannahenden Frühling – herzhafter Speck für kältere Tage, Eier als Symbol für die erwachende Natur und als krönenden Abschluss die erfrischenden grünen Blätter.

Für 4 Personen

400 g Löwenzahnblätter, 200 g gut durchwachsenes, fettes Selchfleisch oder Speck, 4 Teelöffel Balsamicoessig, Salz und Pfeffer, 4 Eier, 100–200 ml Essig (8 %) für die pochierten Eier

Zubereitung

- Die Löwenzahnblätter gut waschen und in dünne Streifen schneiden. Verwenden Sie vorzugsweise die unteren Teile, da die Blattspitzen für gewöhnlich bitter schmecken.
- Das Selchfleisch in kleine Würfel schneiden und in einer erhitzten Pfanne anbraten.
- Den Balsamicoessig über den Löwenzahn träufeln und gründlich vermischen, sodass jedes Blatt mit Marinade benetzt wird. Mit Salz und Pfeffer abschmecken. Den Speck daruntermischen.
- Etwa 1 Liter Wasser zum Kochen bringen, salzen und den Essig hinzugeben. Die Eier einzeln in einer Tasse aufschlagen und langsam ins kochende Wasser gleiten lassen. 5 Minuten kochen. Mit einem Schaumlöffel herausnehmen, auf dem Salat anrichten und sofort servieren.

Tipps & Tricks

Der Löwenzahn ist die Konstante in diesem Rezept, alle anderen Zutaten lassen sich nach Lust und Laune austauschen. Man kann die Eier auch hart kochen (Stichwort: übrig gebliebene Ostereier) und in Scheiben oder Würfel schneiden. Für Vegetarier: Statt Speck kann man zum Beispiel in Öl gebratene Schwarz- oder Weißbrotcroutons verwenden.

Salat mit Hühnerstückchen und Sesam

Diese Kombination aus gesüßtem Fleisch und Salat kann auch lauwarm serviert werden, etwa wenn es draußen noch kalt ist. Das Rezept ist eine Abwandlung des Caesar Salad, der immer wieder eine beliebte Hauptmahlzeit im Büroalltag ist.

Für 4 Personen

200 g Löwenzahnblätter, Salz, Pfeffer, Senf, Essig und Öl für eine klassische Salatmarinade, 200 g Hühnerfleisch, 2 Esslöffel Olivenöl zum Braten, 100 g feiner Kristallzucker, 3 Esslöffel Essig zum Karamellisieren, Salz, Pfeffer, 2 Esslöffel Sesamkörner

Zubereitung

- Die Löwenzahnblätter gut waschen und klein schneiden. Für die Marinade Senf, Salz und Pfeffer mit dem Essig vermischen. Öl hinzugeben und glatt rühren.
- Die Blätter in eine Schüssel geben und die Marinade untermischen. Den Salat gut durchziehen lassen.
- In der Zwischenzeit das Hühnerfleisch in kleine Stücke schneiden.
- Das Öl in einer Pfanne erhitzen und die Fleischstückchen etwa zwei Minuten scharf anbraten. Mit Salz und Pfeffer abschmecken und zur Seite stellen.
- Aus Zucker und Essig ein dickes Karamell herstellen und die Hühnerstückchen darin wenden. Mit Sesam bestreuen. Das Fleisch zum Löwenzahnsalat hinzufügen und servieren.

Tipps & Tricks

Für dieses Gericht eignet sich jede Art von Fleisch. Sie können auch gebratenes Fleisch vom Vortag klein schneiden und die Stücke mit Essigkaramell bestreichen. Falls Sie keinen Sesam zur Hand haben, können Sie auch Kürbis- oder Sonnenblumenkerne verwenden.

Salat mit Blauschimmelkäse, Nüssen und Preiselbeeren

Der süße Geschmack getrockneter Preiselbeeren harmoniert wunderbar mit den leicht bitteren Löwenzahnblättern. Meine amerikanische Freundin, bei der ich vor Jahren zu Besuch war, hat mir diese Kombination ans Herz gelegt. Für meine Familie, zu der auch drei »Naschkater« gehören, bereite ich regelmäßig eine große Schüssel dieses Salats zu.

Für 4 Personen

200 g Löwenzahnblätter, Essig, Senf, Salz, Pfeffer, Öl für eine klassische Salatmarinade, 100 g Blauschimmelkäse, 100 g Walnüsse, 100 g getrocknete Preiselbeeren

Zubereitung

- Die Löwenzahnblätter gut waschen und grob schneiden.
- Für die Marinade Senf, Salz und Pfeffer mit dem Essig vermischen. Das Öl hinzugeben und glatt rühren. Die Blätter in eine Schüssel geben, mit der Marinade vermischen und ziehen lassen. Besonders gut eignen sich blanchierte Löwenzahnblätter (siehe Kapitel »Kleiner Leitfaden für das Abbrühen der Blätter«).
- Den Blauschimmelkäse in Würfel schneiden, die Walnüsse grob hacken und zusammen mit den Preiselbeeren vorsichtig unter den Salat heben.

Tipps & Tricks

Dieser Salat ist eine der wenigen kalten Speisen in diesem Kochbuch. Genießen Sie damit den herannahenden Frühling und garnieren Sie ihn mit weiteren essbaren Pflanzen bzw. Blüten wie Schlüsselblumen, Lungenkraut und Veilchen.

Wintersalat mit ofengegarten Roten Rüben und Kapern

Dieses Gericht bietet eine spannende kulinarische Abwechslung während der langen Wintermonate. Rote Rüben sind ein äußerst vielseitiges Gemüse und erfreuen sich glücklicherweise wieder steigender Beliebtheit. Lange vorbei sind die Zeiten, als man die roten Knollen nur als süß-sauer eingelegte Konserve kannte.

Für 4 Personen

500 g Rote Rüben (circa 4 mittelgroße Knollen), 1 Gläschen eingelegte Löwenzahnkapern, 100 g Silberzwiebeln, 1 Esslöffel Balsamicoessig, 1 Messerspitze Dijonsenf, Salz, 1 Teelöffel Kreuzkümmel, 3 Esslöffel Öl, 1 kleiner Bund Schnittlauch, 100 g guter Ziegenkäse

Zubereitung

- Die Rüben waschen, aber nicht schälen, in Alufolie wickeln und im Backrohr garen (die jeweilige Garzeit hängt von der Größe der Knollen und der Jahreszeit ab – je später, desto länger dauert das Garen, das heißt, nach Neujahr ist die Garzeit länger als im Oktober nach der Ernte). Auskühlen lassen (gegebenenfalls über Nacht), schälen und in dünne Scheiben schneiden. Die Löwenzahnkapern und Silberzwiebeln hinzufügen.
- Für die Marinade den Essig mit Senf, Salz und Kreuzkümmel vermischen. Das Öl hinzugeben und glatt rühren. Die Marinade über die Rüben gießen und bis zu drei Stunden ziehen lassen, bis sie gut durchtränkt sind.
- Kurz vor dem Servieren frischen Schnittlauch und den in Stücke geschnittenen Ziegenkäse darauf verteilen.

Tipps & Tricks

Den Kreuzkümmel kann man auch durch ein anderes Gewürz aus der Familie der Doldenblütler ersetzen. Gut eignen sich etwa gemahlener Koriander oder Fenchel.

Der bittere Geschmack der Blätter

»Löwenzahnblätter waren stets unser beliebtestes Motiv für Ostereier. Wir benutzten sie, um die Eierschalen mit einer Art Batikmuster zu verzieren.«

Löwenzahnblätter schmecken nach dem ersten Sprießen anders als während der Pflanzenblüte. Die ersten Triebe schießen üppig aus dem Boden hervor, sind knackig und nur leicht bitter. Die Pflanze strebt in den ersten Tagen ihres ungestümen Wachstums danach, am Boden so viel Raum wie möglich einzunehmen – fast wie jene Menschen, die um ihren Bauplatz herum zuerst einen Zaun errichten, bevor sie mit dem Hausbau beginnen. Der Pflanze geht es in dieser Entwicklungsphase vor allem um die Größe und Menge ihrer Blätter. Sobald der Löwenzahn kräftig genug ist, bildet er Knospen aus. Auch zu diesem Zeitpunkt sind die Blätter noch recht bekömmlich, die Pflanze beginnt jedoch bereits mit der Bildung von Abwehrstoffen, um ihren künftigen Nachwuchs zu schützen, das heißt zuerst die Blüten und danach die Früchte. Diese Stoffe sind bitter und haben nur einen Zweck – die Pflanze vor dem Gefressenwerden zu bewahren. Der Löwenzahn besitzt in dieser Hinsicht zahlreiche Feinde, etwa Käfer, Hühner oder Feldmäuse, aber eben auch den Menschen. Der bittere Geschmack stößt alle diese Lebewesen mehr oder weniger ab.

Die chemische Grundlage dieser Stoffe ist kompliziert und Thema zahlreicher wissenschaftlicher Forschungsarbeiten. Hier soll lediglich kurz auf ihre Bezeichnungen eingegangen werden. Die Sammelbezeichnung, die für sämtliche Bitterstoffe des Löwenzahns verwendet wird, lautet »Taraxacin«. Ein weiterer Bitterstoff, der besonders in den Wurzeln in größeren Mengen vorkommt, heißt Lactucopikrin (veraltet »Intybin«). In diesem Fall sind sich die Chemiker anscheinend nicht einig, welche Pflanze für diese Bezeichnung ausschlaggebend sein soll – die Gewöhnliche Wegwarte bzw. Zichorie *(Cichorium intybus)* oder aber die Subspezies der Gattung der Lattiche *(Lactuca)*. Die Wegwarte und die Lattiche sind botanisch mit dem Löwenzahn verwandt (siehe Kapitel »Die Familie des Löwenzahns«). Die einzige gefährliche Pflanze in dieser Gruppe ist der Giftlattich *(Lactuca virosa)*, dessen Lactucopikrin kritisch hohe Werte erreicht. Die getrockneten Blätter und der Milchsaft sind stark giftig. Ein entfernter Verwandter ist das Gewöhnliche Bitterkraut *(Picris hieracioides)*.

Wie man sieht, handelt es sich bei den Bitterstoffen im Prinzip um heftige Abwehrstoffe. Diese sind jedoch in der Regel thermolabil, was bedeutet, dass sie durch eine Wärmebehandlung der Blätter vernichtet werden. Aus diesem Grund sind Löwenzahnblätter nach dem Abbrühen in heißem Wasser weniger bitter. Wie so oft, ist alles eine Frage der Menge, und daher wirken die Bitterstoffe in kleinen Mengen umgekehrt auch wie ein Frühjahrsputz für den ganzen Körper.

Kleiner Leitfaden für das Abbrühen der Blätter

»Wir haben uns mit den Blüten die Nasen gelb gefärbt.«

Einige Rezepte beginnen mit dem Abbrühen des Löwenzahns in heißem Wasser mit anschließendem Abkühlen in kaltem Wasser. Der küchensprachliche Fachbegriff dafür lautet »blanchieren«. Obwohl dessen Ursprung im französischen Wort »blanchir« liegt, was übersetzt »weiß machen« bedeutet, erhält das Gemüse durch diesen Vorgang eine sattere grüne Farbe.

Physikalisch-chemisch gestaltet sich dieser Prozess folgendermaßen: Salzwasser kocht bei etwas mehr als 100 °C, also bei einer etwas höheren Temperatur als ungesalzenes Wasser. Legt man Löwenzahnblätter in kochendes Wasser, kühlt es ab. Je weniger Wasser sich bei gleichzeitig mehr Blättern im Topf befindet, desto stärker nimmt die Temperatur des Wassers ab und umgekehrt. Aus diesem Grund empfiehlt es sich, die Löwenzahnblätter mit möglichst viel Wasser abzubrühen, damit der Temperaturabfall, nachdem man die Blätter hinzugefügt hat, so gering wie möglich ist; optimal wäre überhaupt, wenn das Wasser gar nicht zu kochen aufhört.

Biochemisch gesehen sieht das derart aus: Bestimmte Blattstoffe beginnen sich in heißem Wasser zu zersetzen. Zu den Ersten gehören dabei die erwähnten Bitterstoffe. Je länger die Blätter kochen, desto chemisch kompliziertere Verbindungen zerfallen. Beim Kochen ist es jedoch wichtig, dass das Chlorophyll erhalten bleibt, da es den Blättern ihre schöne grüne Farbe verleiht, und dieser Stoff käme als Nächstes an die Reihe. Zum Schluss würden sich die einzelnen Zellbausteine auflösen. Das Grün beginnt nach zu langem Kochen auszubleichen, aber so lange werden die Löwenzahnblätter in der Regel nicht gekocht.

Damit sich der grüne Farbstoff (Chlorophyll) nicht zu zersetzen beginnt, ist es notwendig, den Löwenzahn nach relativ kurzer Zeit aus dem kochenden Wasser zu nehmen und rasch abzukühlen. Damit wird der Zerfallsprozess infolge der Wärmeträgheit unterbrochen. Am besten eignet sich dazu ein Eisbad. Falls bei einem Rezept der Löwenzahn im nächsten Schritt noch weiter gegart wird, ist es ausreichend, ihn in einem Sieb unter dem Wasserhahn kalt abzuschrecken.

Kurz zusammengefasst:

- Verwenden Sie zum Abbrühen der Blätter so viel Wasser wie möglich.
- Halten Sie ausreichend kaltes Wasser oder idealerweise Eiswasser zum Abkühlen und Abschrecken der Blätter bereit.
- Orientieren Sie sich beim Abbrühen nach Ihrem eigenen Gefühl, der zu verarbeitenden Blattmenge und der Größe des Kochgeschirrs. Die in den Rezepten angegebene 1 Minute ist lediglich ein Richtwert.
- Verwenden Sie zum kurzen Abbrühen und Abkühlen der Blätter eventuell zwei heiße und zwei kalte Wasserbäder.

Das Bleichen der Blätter

»Mit der Löwenzahnmilch habe ich meine neue Jacke ruiniert. Ich war furchtbar unglücklich darüber, aber meine Mutter hat überhaupt nicht mit mir geschimpft. Ich musste mich selbst mit der beschädigten Garderobe plagen, was noch viel schlimmer war.«

Der Löwenzahn lässt sich leicht bleichen, ähnlich wie das in großen Pflanzenzuchtbetrieben mit Chicoréeköpfen geschieht. Dabei wird die Blattrosette so bedeckt, dass kein Licht mehr zur Pflanze gelangt. Hierzu kann man etwa einen kleinen Eimer oder noch besser einen großen Blumentopf mit einer Öffnung verwenden, damit die Pflanze ausreichend Luft bekommt.

Durch dieses Verfahren werden die Fotosynthese und damit die Bildung weiterer Stoffe, das heißt von Sekundärmetaboliten und schützenden Bitterstoffen, wie sie einige Seiten zuvor beschrieben wurden, gestoppt oder verlangsamt. Die Pflanze verliert dadurch ihren für die Verwendung in der Küche unerwünschten bitteren Geschmack. In der Fachsprache heißt dieser Vorgang »Vergeilung« oder »Etiolement«. Das Grundprinzip dieses Prozesses besteht darin, dass sich bei Abwesenheit von Licht kein oder nur ganz wenig Chlorophyll bildet.

Die Pflanze weiß aber, dass sie Licht benötigt, und daher »reckt und streckt« sie sich, weil sie sich dadurch erhofft, doch noch zu einer Lichtquelle zu gelangen und so Chlorophyll bilden zu können. Ihr Gewebe ist jedoch recht schwach, da die Pflanze keinerlei Energie auf die Ausbildung festigender Strukturen verschwendet und darauf setzt, dass in ihrer Nähe doch noch Licht zu finden ist. Das Endergebnis ist ein zartes, wohlschmeckendes Gemüse.

In der freien Natur lässt sich die Vergeilung etwa an Orten mit dichtem Waldbewuchs oder an keimenden Kartoffeln beobachten.

Harmoniert mit Fleisch

Löwenzahn Jiří Šlitr / Jiří Suchý

Ich kannte mal ’nen Löwenzahn
der einmal, bevor er verblühte,
von mir ein Büchlein wollte,
es zu lesen
So nahm ich einen Band Gedichte
auf die grüne Wiese mit
Der Löwenzahn, er träumt,
verblüht nicht und nicht
Geht nur hin
und schaut und schaut
auf diese Wiese
da seht ihr dann
mein Büchlein liegen dort
und daneben steht
der Löwenzahn
Dort wächst er noch heute
golden und strahlend
der Sonne ähnelnd

Bis heute dichtet man,
zu ehren seine Schönheit
Golden und liebreizend
und so
findet Ihr ihn im Grase
wenn Ihr ihn
im Hain aufsucht
Ach, könnt’ Ihr nur
zu einer fleiß’gen Biene werden
voll mit gelben Pollen
dieses Löwenzahns
Ihr könnt wetten,
dass keine and’re Blüte
schöner ist und
süß’ren Honig gibt
als diese beles’ne Blume

Variation für eine Französische Zwiebelsuppe

Ich habe dieses Rezept bei meinen kulinarisch äußerst konservativen Bürokollegen und -kolleginnen ausprobiert. Nach ihren Wortmeldungen zu schließen – »Das ist lecker« und nicht etwa: »Hm, ungewöhnlich« – hat es ihnen tatsächlich gemundet. Warme Löwenzahnblätter! Ich hätte mir nie gedacht, dass das so gut schmecken könnte.

Für 4 Personen

500 g Löwenzahnblätter (vor der Blüte gepflückt), 2 große Zwiebeln, 150 ml Olivenöl, 1 Suppenwürfel oder ein Löffel getrocknete Gemüsebrühe, 1 kleines Baguette, 100 g geriebener Hartkäse, Salz, Pfeffer

Zubereitung

- Die Löwenzahnblätter gut waschen. In einem großen Topf circa 1,5 Liter gesalzenes Wasser erhitzen. Die Blätter hineingeben und rund eine Minute blanchieren. Von der Herdplatte nehmen, abseihen und mit Eiswasser abschrecken, damit die Blätter nicht braun werden. Zur Seite legen. Auf etwa 3 cm große Stücke zurechtschneiden.
- Die Zwiebeln schälen, in dünne Streifen schneiden und in einem Topf mit dem erhitzten Olivenöl langsam goldgelb dünsten. Mit etwa einem Liter Wasser aufgießen und den Suppenwürfel darüberstreuen. Auf kleiner Flamme circa 10 Minuten köcheln lassen. Inzwischen die Baguettes vorbereiten.
- Die Baguettes leicht mit Olivenöl bestreichen und im Backrohr auf der oberen Schiene überbacken. Die warmen Baguettes mit geriebenem Käse bestreuen und kurz weiter bräunen.
- Den Löwenzahn unter die Zwiebelsuppe mischen.
- Die Brotscheiben in kleinen Schüsseln verteilen und mit der Suppe übergießen. Mit etwas frisch gemahlenem Pfeffer abschmecken.

Tipps & Tricks

In anderen Suppen sticht der Löwenzahn geschmacklich nicht besonders hervor. Bei dieser Version der Zwiebelsuppe können Sie jedoch nach Lust und Laune experimentieren, denn das Verhältnis von Zwiebeln und Löwenzahnblättern lässt sich beliebig variieren. Wer es etwas gehaltvoller mag, kann auch gewürfelte Kartoffeln dazugeben.

Variation für russische Blinis

Meine Fotografin Ola mag Kaviar, und ich mag meine Fotografin. Daher war es nicht besonders schwer, für sie ein Löwenzahngericht mit Kaviar zu kreieren. Auch Sie können beim Kochen mit Löwenzahn Ihren kreativen Ideen freien Lauf lassen. Ihre Familie und Freunde werden sich freuen, wenn Sie sie mit Ihren Kreationen kulinarisch verwöhnen!

Für 4 Personen

10 g Hefe, 1 Teelöffel Zucker für den Sauerteig, 350 ml Milch, 100 g Weizenmehl, 100 g Buchweizenmehl, 1 Ei, Salz für den Teig sowie zum Blanchieren der Blätter, 200 g Löwenzahnblätter, 500 g saure Sahne (Sauerrahm), 50 g Kaviar

Zubereitung

- Die Hefe in einer kleinen Schlüssel auf Zimmertemperatur bringen und mit Zucker bestreuen. Etwas warme Milch unterrühren (max. 40 °C), bis sich die Hefe gut aufgelöst hat. Einen Teelöffel Mehl hinzufügen und den Teig ungefähr 10 Minuten gehen lassen.
- Die beiden gesiebten Mehlsorten mit einer Prise Salz in eine große Schüssel geben, den dünnflüssigen Sauerteig dazugießen. Das Ei und die restliche lauwarme Milch unterrühren und rasch zu einem Teig verkneten. Mit einem sauberen Geschirrtuch zudecken und an einem warmen Ort circa 25 Minuten gehen lassen (das Volumen sollte sich dabei verdoppeln).
- In der Zwischenzeit den Löwenzahn vorbereiten. Die Büschel voneinander trennen, gut waschen und in Salzwasser 1 Minute lang blanchieren. Danach sofort in Eiswasser abschrecken, damit die Blätter ihre Farbe behalten. In einem Sieb abtropfen lassen.
- Die Löwenzahnblätter klein schneiden, unter den aufgegangenen Teig mischen und sofort weiterverarbeiten.
- Den Teig portionsweise in eine erhitzte, mit ein wenig Fett bestrichene Pfanne geben, Blinis auf beiden Seiten herausbacken. Auskühlen lassen, mit saurer Sahne (Sauerrahm) und Kaviar garnieren. Zusammen mit einem Gläschen Wodka (Żubrówka) servieren.

Tipps & Tricks

Das Mischverhältnis von Weizen- und Buchweizenmehl bleibt ganz Ihnen überlassen. Für eine glutenfreie Variante verwenden Sie ausschließlich Buchweizenmehl. Beachten Sie allerdings, dass in diesem Fall der Teig schlechter aufgeht und die Blinis nicht so luftig-locker werden. Probieren Sie auch süße Blinis mit Marmelade und Schlagobers.

Faschierte Laibchen

Als meine Söhne gerade einen Wachstumsschub durchmachten, der sich häufig in pubertären Heißhungerattacken äußerte, verwöhnte ich sie öfter mit Faschierten Laibchen. Faschiertes (Hackfleisch) bietet schier unendliche Variationsmöglichkeiten und gemischt mit etwas »Grünzeug« beschleicht einen sogar das Gefühl, gesund zu kochen. Die mit Wachteleiern gefüllten Faschierten Laibchen sind freilich eine Luxusvariante für Gourmets und keinesfalls als Brennstoff für unersättliche Kühlschrankplünderer gedacht.

Für 4 Personen

500 g Löwenzahnblätter, 2 Schalotten oder 1 Zwiebel, 2 Knoblauchzehen, 50 g Schmalz, 500 g gemischtes Faschiertes (Hackfleisch, Schwein und Rind, je nach Angebot), 1 Teelöffel Paprika, 1 Teelöffel Dijonsenf, 50 bis 150 g Semmelbrösel, 20 Wachteleier, Öl zum Braten. Für die Sauce Tartare: 100 g Mayonnaise, 1 kleine Schalotte, 1 Teelöffel Dijonsenf, 2 Teelöffel Löwenzahnkapern

Zubereitung

- Die Löwenzahnblätter waschen. In einem großen Kochtopf gesalzenes Wasser zum Kochen bringen und die Blätter kurz blanchieren. So lassen sie sich anschließend leichter weiterverarbeiten. Die Blätter klein schneiden und beiseite legen.
- Den Knoblauch klein hacken und die Zwiebeln in kleine Würfel schneiden. In einem kleinen Topf das Schmalz erhitzen und die Zwiebeln darin goldgelb anbraten. Das Faschierte und die Gewürze dazugeben, mit Salz und Pfeffer abschmecken und so lange rühren, bis eine geschmeidige Masse entsteht.
- Die Wachteleier kochen und schälen.
- Die Löwenzahnblätter sorgfältig unter das Faschierte rühren. Wenn die Masse zu weich ist, noch Semmelbrösel hinzufügen.
- Etwas Masse auf die Handfläche geben, jeweils ein Wachtelei darauflegen und mit der Masse gut umhüllen. Vorsichtig zu einem Laibchen drücken.
- Die Laibchen in Semmelbröseln wenden und in ausreichend Öl anbraten.
- Die Schalotte und die Löwenzahnkapern klein hacken und mit Mayonnaise und Senf vermischen. Nach Belieben abschmecken. Mit Brot oder Kartoffeln sowie mit Sauce Tartare oder Essiggurken servieren.

Tipps & Tricks

Wer keine Lust hat, in mühevoller Kleinarbeit Fleischlaibchen zu formen, füllt die gesamte Masse in eine Bratpfanne und macht daraus einen Faschierten Braten. Sollten Sie keinen Löwenzahn zur Hand haben, eignen sich auch Brennnesselblätter als vollwertiger Ersatz.

Kartoffeln mit Löwenzahn auf dalmatinische Art

Diese Rezeptvariation erinnert an eine geniale dalmatinische Beilage, mit der ich meine Liebe zum Mangold entdeckte, der mir als Kind so verhasst war. Servieren Sie diese Beilage zu gegrilltem Fisch und genießen Sie das Flair eines Kroatienurlaubs, egal wo Sie sind!

Für 4 Personen

400 g junge Löwenzahnblätter, 4 große Kartoffeln, 4–6 Knoblauchzehen, 100 ml Olivenöl, Salz und Pfeffer, 4 Forellen, 1 Zitrone

Zubereitung

- In einem Kochtopf Wasser zum Kochen bringen, etwas Salz hinzufügen und die Löwenzahnblätter kurz blanchieren.
- Abseihen und kurze Zeit in kaltes Wasser legen, damit sie ihre Farbe behalten.
- Die Kartoffeln schälen und grob würfeln. In gesalzenem Wasser weich kochen. Das Kochwasser abgießen, aber zur weiteren Verwendung auffangen.
- Den Knoblauch klein hacken und in erhitztem Olivenöl anrösten. Die Kartoffeln mit den blanchierten und zerkleinerten Löwenzahnblättern hinzufügen. Nach Bedarf ein wenig von dem aufgefangenen Kochwasser zugießen; es sollte eine sämige Mischung entstehen und kein fester Brei. Achten Sie darauf, dass die Kartoffeln sehr weich gekocht sind und leicht zerfallen. So erhält diese Beilage ihre sommerliche Leichtigkeit.
- Die geputzten Fische salzen und scharf anbraten. Vor dem Servieren mit Olivenöl und Zitronensaft beträufeln.

Tipps & Tricks

Verwenden Sie das Öl sparsam, »Blitva i krompir« (so die kroatische Bezeichnung für »Mangold mit Kartoffeln«) wird gerne als Beilage zu gegrilltem Fisch oder Lammfleisch serviert. Der Fisch wird üblicherweise mit Öl beträufelt, während das Lammfleisch von sich aus fett genug ist.

Anstelle von Mangold oder Löwenzahn eignen sich auch verschiedene andere Kräuter aus der Familie der Gänsefußgewächse, etwa Amarant (Fuchsschwanz), Garten- oder Strauchmelden oder Gänsefüßeblätter.

Quiche bzw. Blätterteigtaschen

Meiner Meinung nach hätte sich der Erfinder des Fertigblätterteigs den Nobelpreis mehr als verdient. Der Löwenzahn harmoniert mit dem feinen Teig nicht weniger perfekt als der Apfel. Blätterteig ist einfach der beste Freund jeder Köchin und jedes Kochs, egal ob Hobby- oder Haubenkoch.

Für 4 Personen

200 g Löwenzahnblätter, 1 Zwiebel, 1 Esslöffel Butter, 100 g Blaťácké zlato (ein Käse, der an den italienischen Bel Paese erinnert), 1 Eigelb, 1 Packung Blätterteig, 1 Prise gemahlener Muskat, Salz, Pfeffer

Zubereitung

- Die Löwenzahnblätter gut waschen. In einem großen Topf ungefähr 1,5 Liter gesalzenes Wasser erhitzen, die Blätter hineingeben und ungefähr 1 Minute blanchieren. Von der Herdplatte nehmen, abseihen, mit Eiswasser abschrecken, damit sie nicht braun werden, und beiseite legen.
- Die Zwiebel in etwas zerlassener Butter goldgelb anbraten, den blanchierten und klein geschnittenen Löwenzahn hinzugeben und kurz anrösten. Auskühlen lassen.
- Den Käse reiben und mit dem Eigelb unter den Löwenzahn mischen. Die Mischung auf dem Blätterteig verteilen und den Teig in kleine Vierecke schneiden, zusammenklappen.
- Das Backrohr auf 200 °C vorheizen. Die Teigtaschen auf einem Backblech bei 180 °C goldgelb backen.
- Die Blätterteigtaschen eignen sich perfekt als warme Vorspeise bei Regenwetter oder als Appetithappen bei wärmeren Temperaturen.

Tipps & Tricks

Wer es schneller und weniger aufwendig mag, bereitet das Rezept als Quiche zu. Fügen Sie in diesem Fall bei Bedarf mehr Eier hinzu. Fleischliebhaber können die Zwiebel auch durch Speck ersetzen oder ergänzen.

Mit Ricotta gefülltes Omelette

Löwenzahn und Eier sind ein Duo, das sich perfekt ergänzt. Im Handumdrehen lässt sich daraus ein einfaches Abendessen zaubern, das keine Wünsche offenlässt. Eine wahre Speise für Götter!

Für 4 Personen

100 g Löwenzahnblätter, 2 Schalotten, 2 Esslöffel Butter, 150 ml Weißwein, 1 Teelöffel Gemüsebrühe, 100 g Ricotta, ½ Teelöffel Paprikapulver, 4 große Eier, 400 ml Milch, 200 g Dinkel- oder Roggenmehl oder nach Belieben, Öl zum Braten, Salz

Zubereitung

- Die Löwenzahnblätter gut waschen. In einem großen Topf ungefähr 1,5 Liter gesalzenes Wasser zum Kochen bringen. Die Blätter hineingeben und ungefähr 1 Minute blanchieren. Von der Herdplatte nehmen, abseihen und mit Eiswasser abschrecken, damit die Blätter ihre Farbe behalten. Zur Seite stellen.
- Die Schalotten in Butter goldgelb anbraten, die geschnittenen Löwenzahnblätter hinzugeben. Den Wein mit etwas Gemüsebrühe mischen und dazugießen. Köcheln lassen, bis die gesamte Flüssigkeit verdampft ist. Etwas abkühlen lassen, den Ricotta und den Paprika untermischen.
- Die Eier mit Milch und Mehl verquirlen und in heißem Öl portionsweise Omelettes herausbacken.
- Die Omelettes mit der Mischung aus Ricotta und Löwenzahnblättern füllen und sofort servieren.

Tipps & Tricks

Dieses Rezept besticht in erster Linie durch die leckere Kombination aus Ricotta und Löwenzahn. Für eine weniger aufwendige Variante kann man diese Mischung auch auf eine Scheibe Schwarzbrot streichen oder als Beilage zu Folienkartoffeln servieren.

Beef Tatar mit Löwenzahnkapern

Beef Tatar kann man natürlich zu jeder Jahreszeit zubereiten, aber da dieses Rezept Löwenzahnkapern enthält, ist es in erster Linie als winterliches Gericht gedacht. Es lädt ein zu nostalgischen Erinnerungen an erblühende Wiesen, auf denen wir mit klammen Händen Löwenzahnknospen sammelten. Deftige, mit Steak Tatar garnierte Knoblauchtoasts sind auch beim Silvesterbüfett sehr beliebt.

Für 4 Personen

500 g gutes Rindfleisch (Roastbeef, Rumpsteak), 1 großer Esslöffel Löwenzahnkapern, 1 Jungzwiebel oder Schalotte, 1 großer Esslöffel Senf, Salz und frisch gemahlener Pfeffer, nach Belieben, Brot zum Toasten, Öl zum Braten, Knoblauch zum Bestreichen

Zubereitung

- Das Fleisch ganz klein schneiden oder zweimal faschieren (oder vom Fleischer Ihres Vertrauens faschieren lassen). Die Kapern abseihen und leicht einschneiden, die Jungzwiebel fein schneiden. Mit Salz und Pfeffer abschmecken und gut mit dem Fleisch vermengen. Sofort mit Brotscheiben oder getoastetem Weißbrot servieren.
- Dabei sind Ihren Vorlieben keine Grenzen gesetzt – sämtliche Brotsorten, von Baguette bis hin zu traditionellem Schwarzbrot, eignen sich hervorragend als Begleiter, am besten kommt der Geschmack des rohen Fleisches allerdings auf getoastetem Brot zur Geltung. Dazu das in Scheiben geschnittene Weißbrot vorsichtig in ausreichend Öl anrösten. Überschüssiges Öl mit etwas Küchenpapier abtupfen.

Tipps & Tricks

Wenn Sie das Beef Tatar im Frühling zubereiten, können Sie es auch mit senfähnlichen Kräutern (Knoblauchsrauke, Ackersenf, Krenblüten usw.) verfeinern oder mit Schnittlauchblüten garnieren.

Inulin

»Ich habe eine verminderte Leberfunktion, was teils familiär bedingt ist, teils seinen Ursprung in einer ungestümen Pubertät hat und teils auf ein übergangenes Pfeiffersches Drüsenfieber zurückzuführen ist. Es gab Zeiten, in denen mir ständig schlecht war. Da ich ungern alles der Schulmedizin überlasse, habe ich viel gelesen und recherchiert. So bin ich auf den Löwenzahn gestoßen. Ich begann, ihn im Ganzen zu essen, nannte ihn »gelbes Sushi«, wickelte die Blüten in Stängel und knabberte daran. Von größter Demut und Liebe im Herzen erfüllt, danke ich dem Löwenzahn, dass er mir neues Leben eingehaucht und Optimismus, Freude und Gesundheit geschenkt hat. Als Zeichen meiner Hingabe habe ich seine lateinische Bezeichnung als Spitznamen angenommen und sie mir auf die Wade tätowieren lassen.«

Beim Inulin handelt es sich um ein Polysaccharid, also um einen Vielfachzucker, aus dem die Moleküle des Einfachzuckers Fruktose gebildet werden. Pflanzen lagern ihn als Reservenährstoff ein, der bei den Korbblütlern am häufigsten in den Wurzeln oder Knollen gespeichert wird. Dieser Stoff besitzt eine ähnliche Funktion wie die Stärke, die beispielsweise in Kartoffelknollen zu finden ist.

Dieses Polysaccharid verdankt seinen Namen der Pflanze mit dem höchsten Inulingehalt, nämlich dem Echten Alant *(Inula helenium)*. Den zweiten Platz würde wahrscheinlich die Gemeine Wegwarte *(Cichorium intybus)* einnehmen, die früher zur industriellen Nutzung auf den Feldern angebaut wurde. Den dritten Platz würde sich der Löwenzahn etwa mit der Artischocke *(Cynara scolymus)*, der Klette *(Arctium)*, der Topinambur *(Helianthus tuberosus)* oder der Dahlie teilen.

Anders als bei der Stärke verfügt der menschliche Körper über keine Enzyme für das Inulin und ist daher nicht in der Lage, es auf Einfachzucker aufzuspalten.

Vom Ernährungsstandpunkt gesehen gilt Inulin als Präbiotikum, das heißt als löslicher Faserstoff, der auch als teures Nahrungsergänzungsmittel vertrieben wird. Das Inulin gelangt in unverändertem Zustand in den Dickdarm. Erst in diesem Teil des Verdauungstrakts dient es den Darmbakterien als Nahrung. Man sagt deshalb »Präbiotikum«, da Bakterien darin recht kräftig gedeihen. Bei diesem Vorgang werden größere Mengen an Kohlendioxid, Wasserstoff und Methan freigesetzt. Das Ergebnis dieser Aufstauung von Gasen im Dickdarm ist Flatulenz bzw. Blähungen. Da jedoch niemand größere Mengen an Löwenzahnwurzeln zu sich nimmt, tritt diese gesteigerte Produktion von »Winden« eher zum Beispiel nach dem Verzehr von Topinambur auf.

Wo der Zichorienkaffee herkommt

»Mit meiner Großmutter sammelte ich immer 365 Blüten für eine Portion Löwenzahnhonig. Als Kind war es für mich sonnenklar, dass genau diese Anzahl von Blüten erforderlich war. Heute glaube ich, dass sie das einfach nur zum Spaß machte.«

Zichorienkaffee wird aus der Wurzel der Wegwarte hergestellt, die dem Löwenzahn sehr ähnlich ist. Ebenso wie einige andere verwandte Korbblütler enthält auch die Wegwarte Inulin.

Früher wurde die Wegwarte auch bei uns zur Erzeugung von Zichorienkaffee angebaut. Die industriell genutzten Abarten der Zichorie produzieren im Lauf einer einzigen Vegetationsperiode eine Wurzel, deren Größe die Herstellung von Kaffeeersatz rentabel machte.

Die industrielle Herstellung erfolgte so:

Die Wurzeln wurden gewaschen, in dünne Scheiben geschnitten und getrocknet, was sich auch im Freien bewerkstelligen ließ. Danach wurden die Scheiben bei ungefähr 150 °C geröstet. Bei diesem Prozess zerfällt das Inulin zu Fruktose, die später karamellisiert. Der chemische Prozess des Röstens wird durch die Maillard-Reaktion eingehend beschrieben. Zu ähnlichen chemischen Reaktionen kommt es beispielsweise auch beim Rösten von Kaffee oder Braumalz. Die karamellisierte Fruktose verleiht dem aus den Wurzeln von Korbblütlern gebrauten »Blümchenkaffee« seinen süßlichen Geschmack. Für den zusätzlichen mild-bitteren Geschmack, der an Kaffee erinnert, sind die chemischen Stoffe Lactucopikrin bzw. Intybin verantwortlich.

Ganz zum Schluss wird der Zichorienkaffee natürlich vermahlen.

Löwenzahn für die Hausapotheke

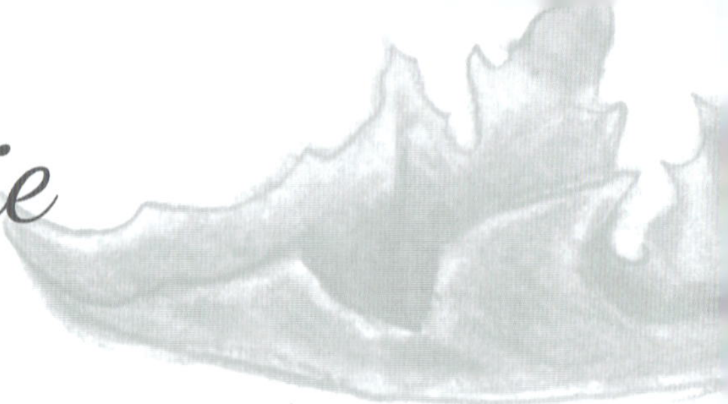

»Die aus den abgebrochenen Löwenzahnstängeln hervortretende Milch erinnerte mich an meine Samenergüsse im Schlaf. Aber dann habe ich Chemie studiert und erkannt, dass es sich bei Latex und Ejakulat um völlig verschiedene Substanzen handelt.«

Die Inhaltsstoffe des Löwenzahns unterstützen die Heilung von Leber- und Gallenerkrankungen, wirken aber auch harntreibend. Zu therapeutischen Zwecken kommt am häufigsten die Wurzel zum Einsatz, die den höchsten Gehalt an gesundheitsfördernden Substanzen aufweist. Ebenso lassen sich aber auch die Blüte und die Blätter therapeutisch nutzen.

Die gesamte Pflanze, vor allem jedoch die Wurzel, ist von einer klebrigen milchigen Flüssigkeit (Latex) durchdrungen.

Die wichtigsten Inhaltsstoffe der Wurzel sind Bitterstoffe (Taraxacin und Taraxasterin), Phytosterole (Sitosterol, Sigmasterol), Triterpene (Taraxerol, Taraxasterol) und Inulin (bis zu 40 Prozent). Weiters finden sich darin Gerbstoffe, Saponine, Kautschuk, Ascorbinsäure, ätherische Öle, Schleimstoffe, Inosit, Mannit, Harz, Cholin, Eiweiß und Mineralstoffe (Kalium, Natrium, Mangan, Kupfer, Kalzium, Schwefel und Phosphor). Ihr Geschmack ist mild-bitter und sie ist geruchlos. Die Blätter enthalten die Vitamine A, B, C, D und Betacarotin sowie Mineralien (Silizium, Kalium und Kalzium).

Kräuterkundler empfehlen den Löwenzahn zur Behandlung von Erkrankungen der Harnwege, des Verdauungssystems und bei Problemen der Magen- und Leberfunktionen. Er gilt als Präbiotikum und natürliches Antioxidans.

Die getrockneten Wurzeln oder Blätter sind Bestandteil von Heiltees, die vor allem im Zusammenhang mit den oben erwähnten Beschwerden eingesetzt werden. Äußerlich lassen sich Löwenzahnextrakte für Hautkrankheiten und Hämorrhoiden verwenden. Seine sogenannte entgiftende Wirkung beruht auf der Anregung des Blutkreislaufs. In der Volksheilkunde kommt auch der Latex (Milchsaft) zum Einsatz, der traditionellen volkstümlichen Rezepten zufolge Sommersprossen aufhellen soll.

Süße
Variationen

František Hrubín

Eine Wiese voller Löwenzahn,
unser Veit pustet in sie rein,
und überall ward's weiß.
Hat's hier vielleicht geschneit?

I wo! Es ist der kleine Schlingel,
nach Leibeskräften schnaubt er fort,
der weiße Flaum der Pusteblume
fliegt in die Welt hinaus.

Er bläst mit zugekniff'nen Augen,
pafft wie 'ne Dampflok weißen Rauch,
schon verliert er sich im Flaume
am Schienendamm der Eisenbahn.

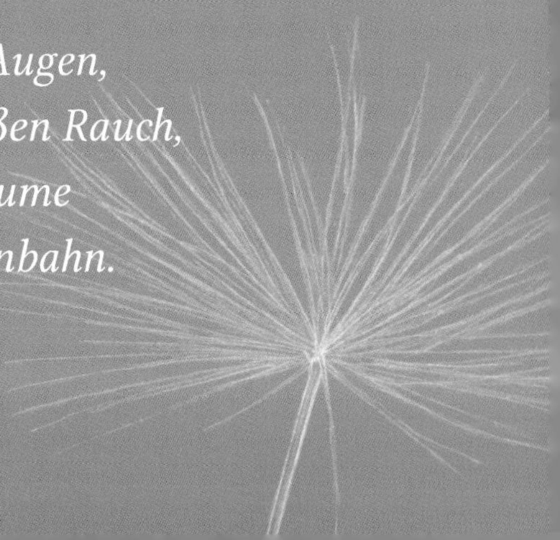

»Globuli« für schlechte Tage

In meinen Kochseminaren sorgt dieses Rezept aus meinem Blumen-Kochbuch jedes Mal für wahre Begeisterungsstürme. Fingerfood, wie wir es lieben! Diese süße Variante ist entstanden, weil ich unbedingt auch einmal getrockneten Sanddorn in einem meiner Rezepte verwenden wollte. Hier habe ich die Erfahrung gemacht, dass sich dieser nicht trocknen ließ, weil der Saft in den Schalen nur kochte und nicht verdampfte.

Dessert für 4 bis 6 Personen

200 g Frischkäse, 20 bis 30 Löwenzahnblüten, 1 Esslöffel Studentenblumenblüten, 1 Esslöffel Kristallzucker, 1 Esslöffel Kurkuma, 1 Esslöffel getrockneter Sanddorn, 1 Esslöffel Staubzucker, nach Belieben

Zubereitung

- Den Frischkäse über Nacht abtropfen lassen, damit sich leichter Kugeln formen lassen (falls Ihnen der Käse lediglich in Würfelform und nicht in einem Becher zur Verfügung steht).
- Die Löwenzahnblüten vorsichtig auseinanderzupfen und in einer großen Schüssel oder auf einem Teller bereitlegen.
- Die Studentenblumenblüten zusammen mit dem Kristallzucker in einer kleinen Schüssel zu einem feinen Pulver zerstoßen. Den Frischkäse unterrühren und bei Bedarf mit Staubzucker nachsüßen. Je nach Belieben mit Kurkuma abschmecken und zum Schluss den getrockneten Sanddorn untermischen.
- Aus der Masse kleine Kugeln formen und in den zerzupften Löwenzahnblüten wälzen. Sofort servieren.

Tipps & Tricks

Ersatzweise können Sie auch statt Studentenblumen- auch Ringelblumenblüten verwenden. Getrockneter Sanddorn verleiht diesem Rezept das gewisse Etwas, allerdings ist er nicht überall erhältlich. Als Alternative eignen sich andere getrocknete Früchte, vorzugsweise Aprikosen (Marillen).

Joghurt-Cocktail

Meine Mutter hat früher oft eine ganz ähnliche Erfrischung gezaubert. Die Grundzutaten ihres Cocktails waren Joghurt, Milch und Marmelade. Später haben meine Söhne dieses Rezept von ihrer Großmutter übernommen, wobei sie jedoch etwas männlich-forscher und weniger kreativ vorgingen. Mit Vorliebe fügten sie im Mixer Eiswürfel hinzu, deren Knirschen einen Höllenlärm machte, sodass ich schon Angst hatte, dass uns das Gerät um die Ohren fliegen würde.

Für 2 Gläser

50 g junge Löwenzahnblätter, 10 Esslöffel Joghurt, 300 ml Milch, 2 Teelöffel hausgemachte Johannisbeer- bzw. Ribiselmarmelade, vorzugsweise fein passiert

Zubereitung

- Die Löwenzahnblätter sollten jung und zart sein, also am besten noch vor der Blüte gepflückt werden.
- Die Blätter gut abwaschen, gegebenenfalls die Blattenden abschneiden, sodass nur der untere Teil übrig bleibt.
- Alle Zutaten im Standmixer zerkleinern, bis die Mischung die gewünschte Konsistenz hat. In Gläser füllen und nach Wunsch mit Löwenzahnknospen oder -blüten garnieren.
- Löwenzahnblätter enthalten mit dem Alter immer mehr Bitterstoffe. In diesem Fall können Sie nach Belieben auch weniger Blätter verwenden und im Mixer ganz fein pürieren.

Tipps & Tricks

Das Rezept lässt sich hervorragend mit anderen Wildkräutern verfeinern, die zur gleichen Zeit wie der Löwenzahn Saison haben, etwa der Giersch, die Gewöhnliche Vogelmiere, der Ackersenf etc. Falls Sie das Getränk im Rahmen einer Entschlackungskur im Frühjahr genießen möchten, können Sie das Joghurt und die Milch durch eine Banane ersetzen.

Süße Tupfen

Der gelbe Löwenzahn mag zwar süß aussehen, aber es ist wahrlich kein Honiglecken, aus seinen Blüten einen feinen Nachtisch zu zaubern. Daher finden Löwenzahnblüten in Desserts bevorzugt als Dekoration Verwendung.

Für 4 Gläser

250 g weicher Quark (Topfen), 200 g Frischkäse, 100 g saure Sahne (Sauerrahm), 1 Esslöffel Löwenzahnhonig (siehe hinten), 12 Waffeln, 100 g Gelatine, 300 ml Wasser, 200 ml gelber Sirup, 4 Löwenzahnblüten

Zubereitung

- In einer Schüssel Quark, Frischkäse, saure Sahne und Löwenzahnhonig mit einem Kochlöffel cremig rühren.
- Die zerstoßenen Waffeln und die Creme schichtweise in Gläser füllen (nicht ganz voll anfüllen) und mindestens eine Stunde im Kühlschrank ordentlich fest werden lassen, damit später die Gelatine nicht alles durchweicht.
- Die Gelatine laut Anleitung zubereiten. Dafür die Gelatineblätter in etwas Wasser aufweichen, ausdrücken und mit Wasser im Sirup auflösen. Die Mischung sollte nicht zu heiß sein.
- Die erste Schicht Gelatine auf die Creme in den Gläsern gießen, mit Löwenzahnblüten bestreuen und fest werden lassen. Danach eine weitere Schicht Gelatine darauf gießen.
- Das Dessert erneut im Kühlschrank etwa eine Stunde lang fest werden lassen.

Tipps & Tricks

Löwenzahnblüten kann man auch für den Winter trocknen, allerdings ist dies ein recht aufwendiges Unterfangen. Statt Waffeln kann man wahlweise auch Kekse oder Müesli für das Schichtdessert verwenden.

Türkischer Kaffee aus Löwenzahnwurzeln

Dieser Kaffee ist eine Variation des Zichorienkaffees und punktet durch seine regionale Herkunft. Sein Geschmack ist durchaus gewöhnungsbedürftig und seine Herstellung hat einen gewissen Unterhaltungswert.

Für 4 Tassen

4 große Löwenzahnwurzeln

Zubereitung

- Die Wurzeln gründlich reinigen, in kleine Würfel oder Scheiben schneiden und in einer trockenen Bratpfanne (fettfrei) rösten. Wer mehr Zeit zur Verfügung hat, lässt die Wurzeln nach dem Schneiden gut durchtrocknen.
- Wichtig ist jedoch, die Wurzeln erst kurz vor dem Servieren zu rösten, damit ihr Aroma nicht verloren geht. Ersatzweise können Sie die Wurzeln auch im Backrohr auf einem Backblech ohne Fett rösten, allerdings müssen Sie dabei darauf achten, dass kleinere Wurzelstückchen nicht anbrennen.
- Die gerösteten Wurzelstückchen schließlich in einer Kaffeemühle zu feinem Pulver vermahlen. Faserige Stückchen aussieben.
- Das Pulver in eine Tasse geben und mit heißem Wasser aufgießen.

Tipps & Tricks

Der Zichorienkaffee verdankt seinen Namen der lateinischen Bezeichnung für die Gemeine Wegwarte, nämlich »cichorea« (siehe Kapitel »Wo der Zichorienkaffee herkommt«). Die Wurzeln der Wegwarte sind in der Regel größer und dicker als jene des Löwenzahns, was auch die Kaffeeausbeute ergiebiger macht.

Löwenzahnhonig

Honig aus Löwenzahn gehört auf jeden Fall in dieses Buch, auch wenn ich ihm persönlich etwas skeptisch gegenüberstehe. Ich bin mir nämlich nicht sicher, ob sich all die feinen Inhaltsstoffe nicht im heißen Zucker auflösen. Allerdings verkoste ich mit Vorliebe den Löwenzahnhonig anderer Leute. Der abgebildete Honig etwa war ein Geschenk meiner Vermieterin.

Für 6 kleinere Gläser

2 kg Löwenzahnblüten, 2 Liter Wasser, 2 unbehandelte Zitronen, 2 kg Kristallzucker

Zubereitung

- Breiten Sie die Blüten in einer dünnen Schicht auf der Arbeitsfläche aus, damit etwaige Insekten noch Reißaus nehmen können. Die Blüten weder abwaschen noch befeuchten, da ansonsten der ganze Blütenstaub im Ausguss landet.
- Die Blüten in etwa zwei Liter kochendes Wasser legen, die in Scheiben geschnittenen Zitronen dazugeben und eine Viertelstunde kochen lassen.
- Diesen Ansatz über Nacht ziehen lassen.
- Durch ein Haarsieb oder Leinentuch abseihen, danach die Blüten durch ein Leinentuch gut ausdrücken. Den Zucker hinzufügen, gut vermischen. Die Flüssigkeit dann eine bis eineinhalb Stunden köcheln lassen, dabei immer wieder umrühren. Wenn die gewünschte Konsistenz erreicht ist, den Honig in Gläser füllen, verschließen und umgedreht auskühlen lassen.

Tipps & Tricks

Am besten zupfen Sie die Löwenzahnblüten direkt auf der Wiese ab und lassen den Blütenboden an Ort und Stelle, da er recht bitter ist. Alternativ können Sie den Blütenboden samt Stielen zu Hause mit der Schere wegschneiden.

Der Löwenzahn in Wissenschaft und Ackerbau

»Einmal habe ich Löwenzahnschnaps getrunken. Den hat ein Biologielehrer zusammen mit einem Chemiker hergestellt. Die Kinder sammelten für ihn angeblich vierhundert Kilo Löwenzahn. Er ließ ihn zu Wein gären und dann haben sie ihn im Labor gebrannt.«

Der Löwenzahn als Nahrungsmittel ist auch Gegenstand seriöser wissenschaftlicher Forschungsarbeit auf dem Gebiet der Landwirtschaft. In seiner Bachelor-Arbeit »Möglichkeiten zum Anbau von Wildpflanzenarten als Gemüse« aus dem Jahr 2009 erklärt Autor Vojtěch Ptáček (heute Ing. und PhD) seine Nutzung wie folgt:

»Die Saat war äußerst keimfähig. Die Jungpflanzen waren zudem sehr schmackhaft. Daher bestünde eine der Möglichkeiten für seine Kultivierung in der Form von sehr jungen Aussaaten, die wie die Gartenkresse *(Lepidium sativum)* einmalig geerntet werden oder denen man wie im Falle des Gewöhnlichen Feldsalats *(Valerianella locusta)* etwas mehr Zeit zum Wachsen lässt und dann erntet. Aufgrund seiner Pfahlwurzel ist ein Umpflanzen von Nacktwurzlern allgemein nicht angebracht; es hatte jedoch nicht den Anschein, dass es den Jungpflanzen wesentlich schadete, wenn sie z. B. angestochen wurden. Vogel (1996) stellt sogar fest, dass Pflanzen aus vorkultivierten Pflanzungen stattlichere Wurzeln besitzen und einen höheren Ertrag abwerfen. Nach erfolgter Einpflanzung vor Ort schlugen die Pflanzen rasch Wurzeln und konnten bereits 86 Tage nach der Aussaat geerntet werden.

Trotz der großen Pflanzbreite erzielte der Löwenzahn einen durchschnittlichen Ertrag von 0,9 kg/m^2, was unter den ausgewählten Arten die größte Ausbeute darstellt und dem Ertrag von Spinat (0,84 kg/m^2) entspricht (Bartoš und Koll., 2000). Bei einer geringeren Pflanzbreite (20 x 15 cm) wären die Erträge sicher noch höher. Der Vitamin-C-Gehalt bewegte sich um die 1060 mg/kg, während der Nitratgehalt insbesondere bei der ersten Ernte sehr hoch war (2259 mg/kg). Der Ascorbat-Nitrat-Index war günstig und lag bei der zweiten Ernte über dem Wert 2, was bedeutet, dass keinerlei Gefahr einer Bildung karzinogener Nitrosaminverbindungen droht.

Ich würde den Löwenzahn aufgrund seiner Anspruchslosigkeit zum weiteren Anbau empfehlen, auch wenn ich Probleme im Zusammenhang mit dem Befall des Bestands durch Pilzkrankheiten und der Verschleppung von Pflanzen in die Gänge von Nagetieren hatte. Ebenso problematisch erwies sich das ausgeprägte Schossen, insbesondere in den späten Sommermonaten.«

In: Ptáček, V., Možnosti pěstování planých rostlinných druhů jako zelenin (»Möglichkeiten zum Anbau von Wildpflanzenarten als Gemüse«), Tschechische Agraruniversität, Praha 2009, S. 61.

Etymologie und volkstümliche Bezeichnungen

»In unserer Jugend machten wir Mädchen Tattoos aus Löwenzahn. Wir pressten uns kleine Löwenzahnreifen auf den Unterarm. Das ließ sich ein paar Tage lang nicht abwaschen.«

Für die Herkunft der wissenschaftlichen Bezeichnung des Löwenzahns – *Taraxacum* – gibt es mehrere Hypothesen. Eine davon bezieht sich auf das altgriechische Wort *τάραξις / táraxis*, das so viel wie »Störung«, aber auch »Augenentzündung« bedeutet. Ursprünglich ging es vermutlich also um Augenentzündungen, die sich mithilfe des im Löwenzahn enthaltenen Latex heilen lassen, daher auch der zweite Wortteil *ακεομαι / akeomai* (»ich hoffe, ich heile«).

Eine weitere Erklärung zielt auf die Essbarkeit der Pflanze ab, etwa als arabische Verballhornung des griechischen Wortes »trogemon«, was »essbar« bedeutet. Aber vielleicht stammt der Name auch direkt aus dem Arabischen. Die phonetische Transkription der Bezeichnung des Löwenzahns in dieser Sprache lautet »tharakhchakon«. Um das Jahr 900 schrieb der persische Gelehrte Abū Bakr Muḥammad ibn Zakaryā ar-Rāzī oder kurz »Rhazes« oder »Rasis« genannt, dass »el tarashaquq wie die Wegwarte ist«. Hundert Jahre später widmete der persische Arzt und Philosoph Abū Alī al-Husain ibn Abd Allāh ibn Sīnā alias Avicenna der »Taraxacum« genannten Pflanze in seinem *Kanon der Medizin* sogar ein ganzes Kapitel.

In weiten Teilen Europas wiederum bedient man sich beim Benennen des Löwenzahns häufig der Übersetzung der Gattung *Leontodon*, die bei uns als Gattungsname den eng verwandten Schaftlöwenzahn hinterlassen hat. Das Wort hat seinen Ursprung im Griechischen – »des Löwen Zahn« (leon – Löwe, odoús – Zahn). Der Ausdruck weist auf die Form der Blätter und ihre scharfen »Zähne« hin. Carl von Linné nannte den Löwenzahn ursprünglich *Leontodon taraxacum*. Französisch lautet der Name »dent-de-lion«, englisch (aus dem Französischen verballhornt) »dandelion«, deutsch »Löwenzahn«, spanisch »diente de león« – es geht immer um die Zähne von Löwen.

Zahlreiche volkstümliche Ausdrücke lassen die Essbarkeit der Pflanze in Form von Salaten erahnen. So finden sich etwa Bezeichnungen wie »Maulwurfsalat« oder »Hahnensalat«. Häufig spiegelt sich in solchen Ausdrücken auch das Bild des verblühten Löwenzahns wider. Die tschechische volkstümliche Bezeichnung »pleška« (Glatze) bezieht sich auf einen kahlen Kopf. Dies ist auch im Begriff »pampeliška« zu hören.

Außerdem tauchen gelegentlich volkstümliche Ausdrücke auf, welche die harntreibenden Eigenschaften des Krauts betonen. Das französische Wort »pissenlit« etwa lässt sich mit »ins Bett gepisst« übersetzen. Mundartliche deutsche Ausdrücke sind etwa: Bettpisser, Pissblume, Kuhblume und Pusteblume.

Das Tschechische hebt auch die Eigenschaft des Löwenzahns hervor, Milchsaft abzusondern. In der Pharmazie waren früher für den Löwenzahn die Begriffe »Smetanka« oder »smetánka« (»die Rahmige« bzw. die »Sämige«) üblich.

Jaroslav Kvapil: Prinzessin Pusteblume

»Als ich noch klein war, ist es mir nie gelungen, einen Kranz zu binden. Erst als ich erwachsen war, hat mir meine kroatische Freundin beigebracht, wie man aus Gras eine Schnur herstellt. Spät, aber doch.«

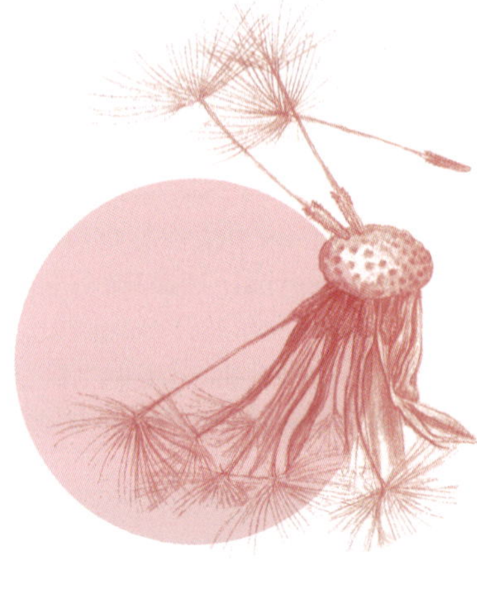

Die Premiere des Theaterstücks »Princezna Pampeliška« (»Prinzessin Pusteblume«) von Jaroslav Kvapil fand am 2. Oktober 1897 statt. Die Titelrolle übernahm Hana Kvapilová, die Gattin des Autors, die sich gerade durch diese Rolle als herausragendste Vertreterin des impressionistischen und symbolistischen dramatischen Stils profilierte. Die Figur des Hans wurde von Eduard Vojan verkörpert. 1967 wurde das Stück als Fernsehfilm inszeniert, in den Hauptrollen waren Klára Jerneková und Petr Kostka zu sehen.

Die Hauptfiguren bilden eine Dreiecksbeziehung. Ein mächtiger spanischer Prinz und der Hans werben um den Kranz der Prinzessin Pusteblume. Ihre Liebesodyssee beginnt beim verarmten König und endet bei Hansens Mutter. Die Nebencharaktere sind bis auf die Amme hauptsächlich männlich. Die Handlung ist einfach und rasch erzählt: Die Prinzessin brennt mit einem einfachen Jüngling durch, weil sie den reichen Adeligen nicht heiraten will. Auf der Reise erleben sie verschiedene Abenteuer. Als sie zum Häuschen der Mutter gelangen, verblüht die Prinzessin und wird vom Wind davongeweht. Von den Schöngeistern unter den Kritikern der damaligen Zeit wurde das Stück als Kvapils schwächstes angesehen.

Anhand eines Auszugs aus einer theaterwissenschaftlichen Analyse kann man sich ein Bild des Originalmanuskripts machen:

»Im zweiten Akt kam es im Hinblick auf die Bedeutung des Stücks durch Weglassen der Antwort des Bürgermeistersohns zu der wesentlichsten Änderung.

›*Je mehr mich meine Wollust reizt,*
wenn ich's bedenk, dass sie, aus lüsternem Begehr,
mit diesem Strolch in die weite Welt entfloh,
mag sich zwar Brillantine in die Haare schmieren,
jedoch das Verlangen der Frau'n weiß er zu stillen,
als wie ein kräft'ger Vollbluthengst!‹

Ebenso ausgelassen wurde die Frage des Freundes:
›*Und in welcher unserer Städte gibt es solche Frauen nicht?*‹

Am Rand des Manuskripts steht eine Anmerkung des Autors hinsichtlich des Grunds für diese Auslassung: ›Das hat die Zensur gestrichen. Kvapil‹. Auch in spätere Ausgaben wurde diese Passage nicht aufgenommen.«

Zum Abschluss

Bei meinem Projekt »Essbare Blumen« geht es nicht nur um den Löwenzahn. Das Kennenlernen von essbaren Blumen und Pflanzen und das Kochen mit diesen ist vor allem ein wunderbares Abenteuer. Ein Abenteuer, das niemals endet.

Essbare Pflanzen und Gehölze wachsen nicht nur in der wilden Natur, sondern auch in unseren Gärten. Zu jeder Jahreszeit sind die Möglichkeiten einzigartig, und es lohnt sich, diese zu nutzen. Unsere Vorfahren konnten das gut dank ihrer Erfahrungen, die von Generation zu Generation weitergegeben wurden. Sie wussten sehr wohl, dass essbare Pflanzen das ganze Jahr über zur täglichen Ernährung gehörten, und konnten deren kulinarisches Potenzial und heilende Wirkung anwenden – beides auf einmal und ganz nach dem aktuellen Bedarf. Oft hatten sie keine Zeit, über ihre Wirkung nachzudenken, und verwendeten sie intuitiv.

Innerhalb Hunderter Generationen hat der menschliche Körper gelernt, alles Notwendige aus den Pflanzen zu nutzen. Wir Europäer haben unseren Stoffwechsel auf Pflanzen des mäßigen Klimas ausgerichtet. (Eskimos können mit den Geschenken der Tundra umgehen, und die Menschen aus der Sahara haben gelernt, mit Wüstenpflanzen zu kochen.)

Unser Körper ist es gewohnt, die Substanzen der Pflanzen und deren Vielfalt zu »dosieren«. Der wohltuende Einfluss von Pflanzen liegt auch in unserer Bereitschaft, sie in ihrer großen Vielfalt und in angemessener Menge zu verarbeiten. Der einmalige Gebrauch von Extrakten, Kapseln und Tinkturen wird aber niemals frische Pflanzen und Blüten ersetzen können.

Auf dem Wissen unserer Vorfahren aufzubauen, ist einfacher als gedacht. Sich auf unsere heutige schnelllebige Zeit auszureden, gilt nicht. Jeder ist selbst dafür verantwortlich, was auf seinem Teller landet – sobald er in der Lage ist, diesen selbst zu füllen, was wahrscheinlich ab der Pubertät der Fall ist.

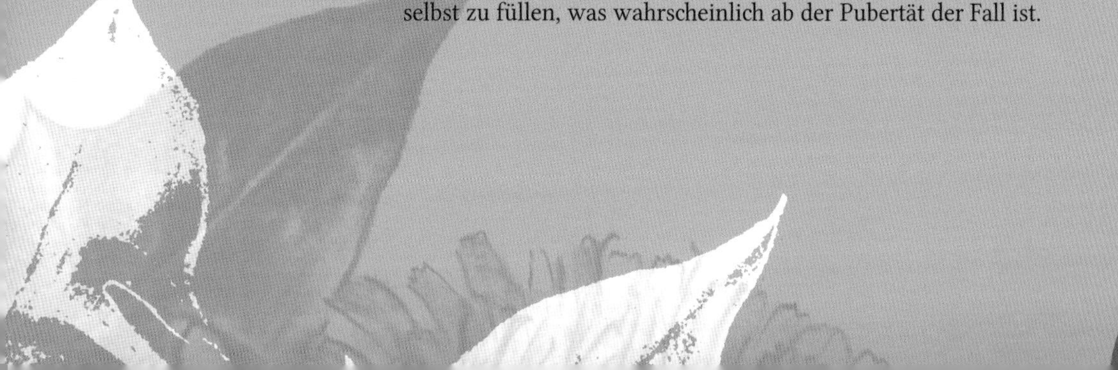

Über die Autorin

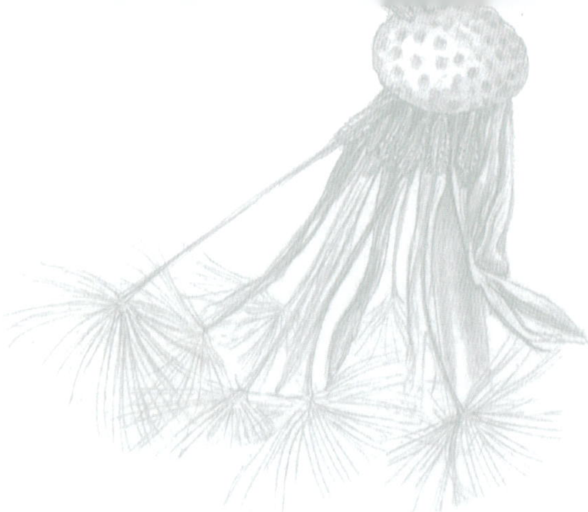

Jana Vlková studierte Ökologie und Publizistik an der Karls-Universität Prag. Tätigkeit als Journalistin mit Schwerpunkt Reisen und Gastronomie. Aus ihrer Leidenschaft für essbare Blumen und Pflanzen, fürs Kochen und Schreiben entstanden seit 2015 mehrere Bücher, darunter ein »Blumenkochbuch«. Wenn sie nicht gerade an einem Buch schreibt, organisiert die Wildkräuterexpertin Seminare und Workshops für Firmen, Schulen oder Pflanzenliebhaber.

Dieses Kochbuch ist eine kulinarische Liebeserklärung an den Löwenzahn. Jana Vlková beschreibt in Wort und Bild genussreiche Verwendungsmöglichkeiten der Pflanze, die oft als Unkraut abgetan wird. Dass fast alle Teile – von der Wurzel bis zur Blüte – essbar sind, zeigt die Autorin eindrucksvoll. Zwanzig kreative Rezepte machen Lust aufs Nachkochen, von der Suppe über Vorspeisen, Salate und Fleischgerichte bis zu Desserts und dem Kaffee-Ersatz. Ein Buch als wahres Schatzkästchen!

www.kytkykjidlu.cz

WEITERS ERSCHIENEN

Karoline Postlmayr

Mein Kräuterschatz

Eine leidenschaftliche Kräuterwanderung durch die Jahreszeiten

144 Seiten, zahlreiche Farbfotos, Broschur

Format: 14,8 x 21 cm

ISBN 978-3-85068-840-6

E-Book: 978-3-7095-0086-6

ENNSTHALER VERLAG STEYR